**2023** 中财传媒版
年度全国会计专业技术资格考试辅导系列丛书·注定会赢®

# 中级会计实务
## 思维导图

财政部中国财经出版传媒集团　组织编写

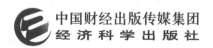
中国财经出版传媒集团
经济科学出版社

图书在版编目（CIP）数据

中级会计实务思维导图/财政部中国财经出版传媒集团组织编写．－－北京：经济科学出版社，2022.11
（中财传媒版 2023 年度全国会计专业技术资格考试辅导系列丛书．注定会赢）
ISBN 978 - 7 - 5218 - 4227 - 2

Ⅰ．①中… Ⅱ．①财… Ⅲ．①会计实务 - 资格考试 - 自学参考资料 Ⅳ.①F233

中国版本图书馆 CIP 数据核字（2022）第 211638 号

责任校对：杨　海
责任印制：李　鹏　邱　天

**中级会计实务思维导图**

**ZHONGJI KUAIJI SHIWU SIWEI DAOTU**

财政部中国财经出版传媒集团　组织编写
经济科学出版社出版、发行　新华书店经销
社址：北京市海淀区阜成路甲 28 号　邮编：100142
总编部电话：010 - 88191217　发行部电话：010 - 88191522
天猫网店：经济科学出版社旗舰店
网址：http://jjkxcbs.tmall.com
北京时捷印刷有限公司印装
787 × 1092　16 开　6 印张　120000 字
2023 年 4 月第 1 版　2023 年 4 月第 1 次印刷
ISBN 978 - 7 - 5218 - 4227 - 2　定价：45.00 元
**（图书出现印装问题，本社负责调换。电话：010 - 88191545）**
**（打击盗版举报热线：010 - 88191661，QQ：2242791300）**

# 前　言

2023年度全国会计专业技术中级资格考试大纲已经公布，辅导教材也已正式出版发行。与上年度相比，新考试大纲及辅导教材的内容发生了较大变化。为了帮助考生准确理解和掌握新大纲和新教材的内容、顺利通过考试，中国财经出版传媒集团本着对广大考生负责的态度，严格按照新大纲和新教材内容，组织编写了中财传媒版2023年度全国会计专业技术资格考试辅导"注定会赢"系列丛书。

该系列丛书包含"精讲精练""通关题库""全真模拟试题""要点随身记""速刷360题""思维导图"等6个子系列，共18本图书，具有重点把握精准、难点分析到位、题型题量贴切、模拟演练逼真等特点。本书属于"思维导图"子系列，紧扣最新大纲和教材，用图形总结知识点，框架清晰明朗，打造结构化思维，让复习变得简单高效。

中国财经出版传媒集团旗下"注定会赢"微信公众号和"中财云知"App为购买本书的考生提供线上增值服务。考生通过扫描封面下方的二维码关注并激活后，可免费享有高频考点串讲课、题库练习、模拟测试、每日一练、学习答疑等增值服务。

全国会计专业技术资格考试是我国评价选拔会计人才、促进会计人员成长的重要渠道，也是落实会计人才强国战略的重要措施。希望广大考生在认真学习教材内容的基础上，结合本丛书准确理解和全面掌握应试知识点内容，顺利通过考试，不断取得更大进步，为我国会计事业的发展作出更大贡献！

书中如有疏漏和不当之处，敬请批评指正。

财政部中国财经出版传媒集团

2023年4月

# 目 录

# 第一章　概述

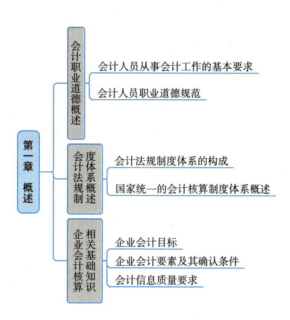

会计职业道德概述
- 会计人员从事会计工作的基本要求
- 会计人员职业道德规范

会计法规制度体系概述
- 会计法规制度体系的构成
- 国家统一的会计核算制度体系概述

企业会计核算相关基础知识
- 企业会计目标
- 企业会计要素及其确认条件
- 会计信息质量要求

第一章　概述

会计职业道德概述
- 会计人员从事会计工作的基本要求
  - 会计人员的范围
    - 定义：在国家机关、社会团体、企业、事业单位和其他组织中从事会计核算、实行会计监督等会计工作的人员
    - 范围：（1）出纳；（2）稽核；（3）资产、负债和所有者权益（净资产）的核算；（4）收入、费用（支出）的核算；（5）财务成果（政府预算执行结果）的核算；（6）财务会计报告（决算报告）编制；（7）会计监督；（8）会计机构内会计档案管理；（9）其他会计工作
  - 会计人员从事会计工作应当符合的基本要求
    - （1）遵守《会计法》和国家统一的会计制度等法律法规；
    - （2）具备良好的职业道德；
    - （3）按照国家有关规定参加继续教育；
    - （4）具备从事会计工作所需要的专业能力
  - 会计机构负责人（会计主管人员）和总会计师应当具备的基本条件
    - （1）坚持原则，廉洁奉公；
    - （2）具备会计师以上专业技术职务资格或者从事会计工作不少于三年；
    - （3）熟悉国家财经法律、法规、规章和方针、政策，掌握本行业业务管理的有关知识；
    - （4）有较强的组织能力；
    - （5）身体状况能够适应本职工作的要求
  - 会计人员任用（聘用）管理相关规定
- 会计人员职业道德规范
  - 《会计基础工作规范》关于会计人员职业道德的要求
    - （1）会计人员应当热爱本职工作，努力钻研业务，使自己的知识和技能适应所从事工作的要求。
    - （2）会计人员应当熟悉财经法律、法规、规章和国家统一会计制度，并结合会计工作进行广泛宣传。
    - （3）会计人员应当按照会计法律、法规和国家统一会计制度规定的程序和要求进行会计工作，保证所提供的会计信息合法、真实、准确、及时、完整。
    - （4）会计人员办理会计事务应当实事求是、客观公正。
    - （5）会计人员应当熟悉本单位的生产经营和业务管理情况，运用掌握的会计信息和会计方法，为改善单位内部管理、提高经济效益服务。
    - （6）会计人员应当保守本单位的商业秘密。除法律规定和单位领导人同意外，不能私自向外界提供或者泄露单位的会计信息。
  - 《会计人员职业道德规范》的规定
    - （1）坚持诚信，守法奉公；
    - （2）坚持准则，守责敬业；
    - （3）坚持学习，守正创新

会计法规制度体系概述
- 会计法规制度体系的构成
  - 会计法律：主要包括《会计法》和《中华人民共和国注册会计师法》
  - 会计行政法规：主要包括《总会计师条例》和《企业财务会计报告条例》
  - 会计部门规章：主要包括《会计基础工作规范》和《企业会计准则——基本准则》等
  - 会计规范性文件：主要包括企业会计准则制度、政府及非营利组织会计准则制度等
- 国家统一的会计核算制度体系概述
  - 企业会计准则制度
    - 企业会计准则体系
    - 小企业会计准则
    - 企业会计制度
  - 政府及非营利组织会计准则制度
    - 政府会计准则制度体系
    - 非营利组织会计制度
  - 其他会计制度
    - 基金（资金）类会计制度：核算基础一般采用收付实现制
    - 村集体经济组织和农民专业合作社会计制度

企业会计核算相关基础知识

├─ 企业会计目标
│
│ **内涵**：企业财务会计报告的目标是向财务会计报告使用者提供与企业财务状况、经营成果和现金流量等有关的会计信息，反映企业管理层受托责任履行情况，有助于财务会计报告使用者作出经济决策。财务会计报告使用者包括投资者、债权人、政府及其有关部门和社会公众等
│
│ **具体要求**：财务会计报告目标要求满足投资者等信息使用者决策等需要，体现为财务会计报告的决策有用观，财务会计报告目标要求反映企业管理层受托责任的履行情况，体现为财务会计报告的受托责任观

├─ 会计要素及其确认条件
│
│ **资产及其确认条件**
│ **定义**：指企业过去的交易或者事项形成的、由企业拥有或者控制的、预期会给企业带来经济利益的资源
│ **确认条件**：同时满足（1）与该资源有关的经济利益很可能流入企业；（2）该资源的成本或者价值能够可靠地计量
│
│ **负债及其确认条件**
│ **定义**：指企业过去的交易或者事项形成的，预期会导致经济利益流出企业的现时义务
│ **确认条件**：同时满足（1）与该义务有关的经济利益很可能流出企业；（2）未来流出的经济利益的金额能够可靠地计量
│
│ **所有者权益及其确认条件**
│ **定义**：指企业资产扣除负债后，由所有者享有的剩余权益。公司的所有者权益又称为股东权益
│ **来源**：所有者投入的资本、直接计入所有者权益的利得和损失、留存收益等，通常由实收资本（或股本）、资本公积（含资本溢价或股本溢价、其他资本公积）、其他综合收益、盈余公积和未分配利润
│ **确认条件**：所有者权益的确认主要依赖于其他会计要素，尤其是资产和负债的确认；所有者权益金额的确定也主要取决于资产和负债的计量
│
│ **收入及其确认条件**
│ **定义**：指企业在日常活动中形成的、会导致所有者权益增加的、与所有者投入资本无关的经济利益的总流入
│ 当企业与客户之间的合同同时满足下列条件时，企业应当在客户取得相关商品控制权时确认收入：（1）合同各方已批准该合同并承诺将履行各自义务；（2）该合同明确了合同各方与所转让商品或提供劳务相关的权利和义务；（3）该合同有明确的与所转让商品相关的支付条款；（4）该合同具有商业实质，即履行该合同将改变企业未来现金流量的风险、时间分布或金额；（5）企业因向客户转让商品而有权取得的对价很可能收回
│
│ **费用及其确认条件**
│ **定义**：指企业在日常活动中发生的、会导致所有者权益减少的、与向所有者分配利润无关的经济利益的总流出
│ **确认条件**：（1）与费用相关的经济利益应当很可能流出企业；（2）经济利益流出企业的结果会导致资产的减少或者负债的增加；（3）经济利益的流出额能够可靠计量
│
│ **利润及其确认条件**
│ **定义**：指企业在一定会计期间的经营成果
│ **确认条件**：利润的确认主要依赖于收入和费用以及利得和损失的确认，其金额的确定也主要取决于收入、费用、利得、损失金额的计量

└─ 会计信息质量要求

**可靠性**：要求企业应当以实际发生的交易或者事项为依据进行确认、计量和报告，如实反映符合确认和计量要求的各项会计要素及其他相关信息，保证会计信息真实可靠、内容完整

**相关性**：要求企业提供的会计信息应当与投资人等财务报告使用者的经济决策需要相关，有助于投资人等财务报告使用者对企业过去、现在或者未来的情况作出评价或者预测

**可理解性**：要求企业提供的会计信息应当清晰明了，便于投资人等财务报告使用者理解和使用

**可比性**：同一企业不同时期可比；不同企业相同会计期间可比

**实质重于形式**：要求企业应当按照交易或者事项的经济实质进行会计确认、计量和报告，不仅仅以交易或者事项的法律形式为依据

**重要性**：要求企业提供的会计信息应当反映与企业财务状况、经营成果和现金流量有关的所有重要交易或者事项

**谨慎性**：要求企业对交易或者事项进行会计确认、计量和报告应当保持应有的谨慎，不应高估资产或者收益、低估负债或者费用

**及时性**：要求企业对于已经发生的交易或者事项，应当及时进行确认、计量和报告，不得提前或者延后

# 第二章　存货

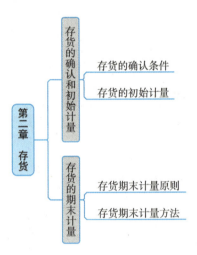

第二章 存货
- 存货的确认和初始计量
  - 存货的确认条件
  - 存货的初始计量
- 存货的期末计量
  - 存货期末计量原则
  - 存货期末计量方法

存货的确认和初始计量
- 存货的确认条件
  - 与该存货有关的经济利益很可能流入企业
  - 该存货的成本能够可靠地计量
- 存货的初始计量
  - 存货成本=采购成本+加工成本+其他成本
  - 外购的存货：成本=购买价款+相关税费+其他成本
    - 购买价款（不包括按规定可以抵扣的增值税进项税额）
    - 相关税费：企业购买、自制或委托加工存货所发生的、应归属于该存货成本的消费税、资源税和不能从销项税额中抵扣的增值税进项税额等
    - 其他成本：其他可归属于存货采购成本的费用
  - 通过进一步加工而取得的存货：成本=采购成本+加工成本+其他成本
    - 委托外单位加工的存货：以实际耗用的原材料或者半成品、加工费、运输费、装卸费等费用以及按规定应计入成本的税金，作为实际成本
    - 自行生产的存货：成本包括投入的原材料或半成品、直接人工和按照一定方法分配的制造费用
  - 其他方式取得的存货
    - 投资者投入存货的成本：按照投资合同或协议约定的价值确定，但合同或协议约定价值不公允的除外
    - 通过提供劳务取得的存货：成本按从事劳务提供人员的直接人工和其他直接费用以及可归属于该存货的间接费用确定

存货的期末计量
- 存货期末计量原则
  - 资产负债表日，存货应当按照成本与可变现净值孰低计量
  - 企业预计的销售存货现金流量，并不完全等于存货的可变现净值（受抵减项目影响）
- 存货期末计量方法
  - 存货减值迹象的判断
    - 存货的可变现净值低于成本的情形
      - 该存货的市场价格持续下跌，并且在可预见的未来无回升的希望
      - 企业使用该项原材料生产的产品成本大于产品的销售价格
      - 企业因产品更新换代，原有库存原材料已不适应新产品的需要，而该原材料的市场价格又低于其账面成本
      - 因企业所提供的商品或劳务过时或消费者偏好改变而使市场的需求发生变化，导致市场价格逐渐下跌
      - 其他足以证明该项存货实质上已经发生减值的情形
    - 存货的可变现净值为零的情形
      - 已霉烂变质的存货
      - 已过期且无转让价值的存货
      - 生产中已不再需要，并且已无使用价值和转让价值的存货
      - 其他足以证明已无使用价值和转让价值的存货
  - 可变现净值的确定
    - 企业确定存货的可变现净值时应考虑的因素
      - 存货可变现净值的确凿证据
      - 持有存货的目的
        - 持有以备出售（商品、产成品等）
        - 将在生产过程或提供劳务过程中耗用（材料等）
      - 资产负债表日后事项等的影响
        - 以资产负债表日取得最可靠的证据估计的售价为基础并考虑持有存货的目的
        - 资产负债表日后发生的事项为资产负债表日存在状况提供进一步证据，以表明资产负债表日存在的存货价值发生变动的事项

存货的期末计量 — 存货期末计量方法

**可变现净值的确定**

不同情况下存货可变现净值的确定

- 产成品、商品等直接用于出售的商品存货，没有销售合同约定的：可变现净值=产成品或商品的市场销售价格–估计的销售费用和相关税费
- 用于出售的材料等：可变现净值=材料等的市场销售价格–估计的销售费用和相关税费
- 在确定需要经过加工的材料存货的可变现净值时，需要以其生产的产成品的可变现净值与该产成品的成本进行比较
  - 如果该产成品的可变现净值高于其成本，则该材料应当按照其成本计量
  - 如果材料价格的下降表明以其生产的产成品的可变现净值低于成本，则该材料应当按可变现净值计量
- 为执行销售合同或者劳务合同而持有的存货：可变现净值=以合同价格（不是估计售价）–估计的销售费用和相关税费

**存货跌价准备的计提**

计提条件：
资产负债表日，存货的可变现净值<成本，企业应当计提存货跌价准备

计提方法
- 企业通常应当按照单个存货项目计提存货跌价准备。对于数量繁多、单价较低的存货，可以按照存货类别计提存货跌价准备
- 可变现净值低于成本的，两者的差额即为应计提的存货跌价准备
- 企业计提的存货跌价准备应计入当期损益

计提分录
借：资产减值损失
　　贷：存货跌价准备

**存货跌价准备的转回**

- 转回条件：以前减记存货价值的影响因素已经消失的，减记的金额应当予以恢复
- 转回要求：在原已计提的存货跌价准备金额内转回，转回的存货跌价准备与计提该准备的存货项目或类别应当存在直接对应关系
- 转回的金额计入当期损益

转回分录
借：存货跌价准备
　　贷：资产减值损失

**存货跌价准备的结转**

- 结转条件：企业计提了存货跌价准备，如果其中有部分存货已经销售，则企业在结转销售成本时，应同时结转对其已计提的存货跌价准备
- 结转要求：如果按存货类别计提存货跌价准备的，应当按照发生销售等而转出存货的成本占该存货未转出前该类别存货成本的比例结转相应的存货跌价准备

结转分录
借：主营业务成本
　　存货跌价准备
　　贷：库存商品

# 第三章 固定资产

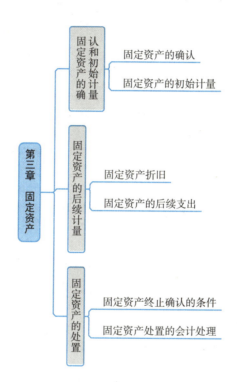

第三章 固定资产
- 固定资产的确认和初始计量
  - 固定资产的确认
  - 固定资产的初始计量
- 固定资产的后续计量
  - 固定资产折旧
  - 固定资产的后续支出
- 固定资产的处置
  - 固定资产终止确认的条件
  - 固定资产处置的会计处理

固定资产的确认和初始计量

固定资产的确认

固定资产的确认条件
- 与该固定资产有关的经济利益很可能流入企业
- 该固定资产的成本能够可靠地计量

固定资产确认条件的具体运用
- 企业由于安全或环保的要求购入设备等，虽然不能直接给企业带来未来经济利益，但有助于企业从其他相关资产的使用中获得未来经济利益或者获得更多的未来经济利益，也应确认为固定资产
- 固定资产的各组成部分，如果具有不同使用寿命或者以不同方式为企业提供经济利益，表明这些组成部分实际上是以独立的方式为企业提供经济利益，企业应当将各组成部分确认为单项固定资产（如飞机的引擎）
- 对于工业企业所持有的工具、用具、备品备件、维修设备等资产，施工企业所持有的模板、挡板、架料等周转材料，如使用期限超过一年，也能够带来经济利益，符合固定资产定义和确认条件的，应当确认为固定资产

固定资产的初始计量

外购固定资产：成本=购买价款+相关税费+其他费用

自行建造固定资产
- 成本=工程用物资成本+人工成本+相关税费+应予资本化的借款费用+应分摊的间接费用
- 自营方式建造固定资产，成本应当按照实际发生的材料、人工、机械施工费等计量
- 出包方式建造固定资产，成本由建造该固定资产达到预定可使用状态前所发生的必要支出构成，包括发生的建筑工程支出、安装工程支出，以及需分摊计入的待摊支出
  - 待摊支出分摊率=累计发生的待摊支出÷（建筑工程支出+安装工程支出）×100%
  - ××工程应分摊的待摊支出=（××工程的建筑工程支出+××工程的安装工程支出）×待摊支出分摊率

其他方式取得的固定资产
- 接受固定资产投资的企业，在办理了固定资产移交手续之后，应按投资合同或协议约定的价值加上应支付的相关税费作为固定资产的入账价值，但合同或协议约定价值不公允的除外
- 非货币性资产交换、债务重组等方式取得的固定资产的成本，应当按照非货币性资产交换、债务重组等准则的有关规定进行会计处理

存在弃置费用的固定资产
- 企业应当将弃置费用的现值计入相关固定资产的成本，同时确认相应的预计负债
  - 对于预计负债的减少，以该固定资产账面价值为限扣减固定资产成本
  - 对于预计负债的增加，增加该固定资产的成本

固定资产的后续计量

固定资产折旧

固定资产折旧范围：企业应对所有的固定资产计提折旧；但是，已提足折旧仍继续使用的固定资产和单独计价入账的土地除外

固定资产折旧方法

年限平均法（又称直线法）
- 将固定资产的应计折旧额均衡地分摊到固定资产预计使用寿命内
- 公式：年折旧率=（1-预计净残值率）÷预计使用寿命（年）×100%
  月折旧率=年折旧率÷12
  月折旧额=固定资产原价×月折旧率

工作量法
- 根据实际工作量计算每期应计提折旧额
- 公式：单位工作量折旧额=固定资产原价×（1-预计净残值率）÷预计总工作量
  某项固定资产月折旧额=该项固定资产当月工作量×单位工作量折旧额

双倍余额递减法
- 不考虑固定资产预计净残值的情况下，根据每期期初固定资产原价减去累计折旧后的金额和双倍的直线法折旧率计算固定资产折旧
- 公式：年折旧率=2÷预计使用寿命（年）×100%
  月折旧率=年折旧率÷12
  月折旧额=（固定资产原价-累计折旧）×月折旧率

固定资产的后续计量

- 固定资产折旧
  - 固定资产折旧方法
    - 年数总和法（又称年限合计法）
      - 将固定资产的原价减去预计净残值后的余额，乘以一个以固定资产尚可使用寿命为分子、以预计使用寿命逐年数字之和为分母的逐年递减的分数计算每年的折旧额
      - 年折旧率=尚可使用寿命÷预计使用寿命的年数总和×100%
      - 月折旧率=年折旧率÷12
      - 月折旧额=（固定资产原价–预计净残值）×月折旧率

- 固定资产的后续支出
  - 资本化的后续支出
    - 方法
      - ①将该固定资产的账面价值转入在建工程，并停止计提折旧
      - ②发生的可资本化的后续支出，通过"在建工程"科目核算
      - ③在固定资产发生的后续支出完工并达到预定可使用状态时，再从在建工程转为固定资产，并按重新确定的使用寿命、预计净残值和折旧方法计提折旧
    - 涉及替换原固定资产的某组成部分的，当发生的后续支出符合固定资产确认条件时，将其计入固定资产成本，同时将被替换部分的账面价值扣除
    - 对固定资产进行定期检查发生的大修理费用，有确凿证据表明符合固定资产确认条件的部分，应予资本化计入固定资产成本
  - 费用化的后续支出：不符合固定资产资本化后续支出条件的固定资产日常修理费用，在发生时应当按照受益对象计入当期损益或计入相关资产的成本

固定资产的处置

- 固定资产终止确认的条件
  - 该固定资产处于处置状态
  - 该固定资产预期通过使用或处置不能产生经济利益

- 固定资产处置的会计处理
  - 固定资产出售、报废或毁损的账务处理
    - 固定资产转入清理
      - 借：固定资产清理
      - 累计折旧
      - 固定资产减值准备
      - 贷：固定资产
    - 发生的清理费用
      - 借：固定资产清理
      - 贷：银行存款
      - 应交税费
    - 出售收入、残料等的处理
      - 借：银行存款
      - 原材料
      - 贷：固定资产清理
      - 应交税费——应交增值税
    - 保险赔偿的处理
      - 借：其他应收款
      - 银行存款
      - 贷：固定资产清理
    - 清理净损益的处理
      - 根据正常报废清理（或非正常原因）情况分别处理
      - 因出售、转让等原因产生的固定资产处置利得或损失应计入资产处置收益
  - 其他方式减少的固定资产，按照债务重组、非货币性资产交换等的处理原则进行核算

# 第四章　无形资产

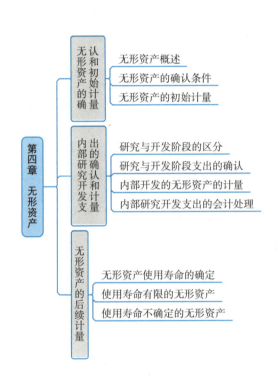

**第四章 无形资产**

- 无形资产的确认和初始计量
  - 无形资产概述
  - 无形资产的确认条件
  - 无形资产的初始计量

- 内部研究开发支出的确认和计量
  - 研究与开发阶段的区分
  - 研究与开发阶段支出的确认
  - 内部开发的无形资产的计量
  - 内部研究开发支出的会计处理

- 无形资产的后续计量
  - 无形资产使用寿命的确定
  - 使用寿命有限的无形资产
  - 使用寿命不确定的无形资产

无形资产的确认和初始计量

- 无形资产概述
  - 通常包括专利权、非专利技术、商标权、著作权、特许权、土地使用权等
  - 特征
    - 由企业拥有或者控制并能为其带来未来经济利益
    - 不具有实物形态
    - 具有可辨认性
    - 属于非货币性资产
- 无形资产的确认条件
  - 与该无形资产有关的经济利益很可能流入企业
  - 该无形资产的成本能够可靠地计量
- 无形资产的初始计量
  - 外购无形资产的成本=购买价款+相关税费+其他支出
  - 投资者投入无形资产的成本：按照投资合同或协议约定的价值确定，但其不公允的，应按公允价值入账
  - 土地使用权的处理
    - 通常应当按照取得时所支付的价款及相关税费之和确认为无形资产
    - 属于投资性房地产的土地使用权，应当按投资性房地产进行会计处理
    - 用于自行开发建造厂房等地上建筑物时，土地使用权的账面价值不与地上建筑物合并计算其成本，而仍作为无形资产进行核算，土地使用权与地上建筑物分别进行摊销和计提折旧（注意两种例外情形）

内部研究开发支出的确认和计量

- 研究阶段与开发的区分
  - 研究阶段：基本上是探索性的，是为进一步的开发活动进行资料及相关方面的准备
  - 开发阶段：是已完成研究阶段的工作，在很大程度上具备了形成一项新产品或新技术的基本条件
- 研究与开发阶段支出的确认
  - 研究阶段支出：发生时全部费用化，计入当期损益（管理费用）
  - 开发阶段支出：同时满足下列条件的才能资本化（否则费用化）
    - 完成该无形资产以使其能够使用或出售在技术上具有可行性
    - 具有完成该无形资产并使用或出售的意图
    - 无形资产产生经济利益的方式
    - 有足够的技术、财务资源和其他资源支持完成该无形资产的开发，并有能力使用或出售该无形资产
    - 归属于该无形资产开发阶段的支出能够可靠地计量
  - 无法区分研究阶段和开发阶段的支出　应当在发生时费用化，计入当期损益（管理费用）
- 内部开发的无形资产的计量
  - 成本=可直接归属成本+所有必要支出
- 内部研究开发支出的会计处理
  - 发生的研发支出
    - 不满足资本化条件的：借记"研发支出——费用化支出"科目
    - 满足资本化条件的，借记"研发支出——资本化支出"科目
  - 形成无形资产的
    - 借：无形资产
    - 贷：研发支出——资本化支出

无形资产的后续计量
├─ 无形资产使用寿命的确定
│　├─ 确定无形资产使用寿命的主要原则
│　│　├─ 源自合同性权利或其他法定权利取得的无形资产，其使用寿命通常不应超过合同性权利或其他法定权利的期限
│　│　├─ 没有明确的合同或法律规定无形资产的使用寿命的，企业应当综合各方面因素判断，如聘请相关专家进行论证、与同行业的情况进行比较以及参考企业的历史经验等，来确定无形资产为企业带来未来经济利益的期限
│　│　└─ 企业经过上述努力仍确实无法合理确定无形资产为企业带来经济利益的期限的，才能将其作为使用寿命不确定的无形资产
│　└─ 无形资产使用寿命的复核
│　　　└─ 企业至少应当于每年年度终了，对使用寿命有限的无形资产的使用寿命进行复核
├─ 使用寿命有限的无形资产
│　├─ 账面价值=成本－累计摊销额－累计减值损失
│　├─ 应摊销金额=成本－预计残值
│　├─ 摊销期和摊销方法
│　│　├─ 摊销期：自其可供使用（即其达到预定用途）时起至终止确认时止
│　│　└─ 摊销方法：直线法、产量法，也可采用类似固定资产加速折旧的方法
│　└─ 摊销的会计处理
│　　　　借：制造费用等
│　　　　　　贷：累计摊销
└─ 使用寿命不确定的无形资产
　　└─ 在持有期间内不需要进行摊销，但应当至少在每个会计期末进行减值测试

# 第五章　长期股权投资和合营安排

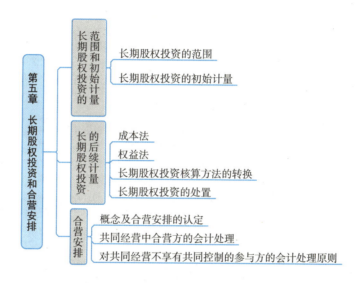

长期股权投资的范围和初始计量
├─ 长期股权投资的范围
│   ├─ 投资方能够对被投资单位实施控制的权益性投资，即对子公司投资
│   ├─ 投资方与其他合营方一同对被投资单位实施共同控制且对被投资单位净资产享有权利的权益性投资，即对合营企业投资
│   └─ 投资方对被投资单位具有重大影响的权益性投资，即对联营企业投资
│
└─ 长期股权投资的初始计量
    ├─ 企业合并形成的长期股权投资
    │   ├─ 同一控制下企业合并形成的长期股权投资
    │   │   ├─ 在合并日按照取得的被合并方所有者权益在最终控制方合并财务报表中的账面价值的份额作为长期股权投资的初始投资成本
    │   │   ├─ 被合并方在合并日的净资产账面价值为负数的，长期股权投资成本按零确定，同时在备查簿中予以登记
    │   │   ├─ 长期股权投资的初始投资成本与支付对价的差额，应当调整资本公积（资本溢价或股本溢价）；资本公积（资本溢价或股本溢价）不足冲减的，依次冲减盈余公积和未分配利润
    │   │   └─ 合并前合并方与被合并方采用的会计政策应当一致
    │   └─ 非同一控制下企业合并形成的长期股权投资
    │       ├─ 购买方应当按照确定的企业合并成本作为长期股权投资的初始投资成本
    │       ├─ 企业合并成本包括购买方付出的资产、发生或承担的负债、发行的权益性工具或债务性工具的公允价值之和
    │       ├─ 购买方为企业合并发生的审计、法律服务、评估咨询等中介费用以及其他相关管理费用，应于发生时计入当期损益
    │       └─ 购买方作为合并对价发行的权益性工具或债务性工具的交易费用，应当计入权益性工具或债务性工具的初始确认金额
    └─ 企业合并以外的其他方式取得的长期股权投资
        ├─ 以支付现金取得的长期股权投资
        │   └─ 应当按照实际支付的购买价款作为初始投资成本，但不包括应自被投资单位收取的已宣告但尚未发放的现金股利或利润
        ├─ 以发行权益性证券取得的长期股权投资
        │   └─ 应当按照发行权益性证券的公允价值作为初始投资成本，但不包括应自被投资单位收取的已宣告但尚未发放的现金股利或利润
        └─ 以非货币性资产交换、债务重组等方式取得的长期股权投资
            └─ 初始投资成本的确定应当分别按照非货币性资产交换、债务重组等准则的有关规定进行会计处理

长期股权投资的后续计量
└─ 成本法
    ├─ 适用范围：投资方持有的对子公司投资（投资方为投资性主体且子公司不纳入其合并财务报表的除外）
    ├─ 应当按照初始投资成本计价
    └─ 具体操作
        ├─ 追加或收回投资应当调整长期股权投资的成本。在追加投资时，按照追加投资支付的成本的公允价值及发生的相关交易费用增加长期股权投资的账面价值
        ├─ 被投资单位宣告分派现金股利或利润的，投资方根据应享有的部分确认当期投资收益
        ├─ 有减值迹象时，对长期股权投资进行减值测试，可收回金额低于长期股权投资账面价值的，应当计提减值准备
        └─ 子公司将未分配利润或盈余公积直接转增股本（实收资本），且未向投资方提供等值现金股利或利润的选择权时，母公司不应确认相关的投资收益

适用范围：对合营企业和联营企业投资

一般的会计处理
- 初始投资或追加投资时，按照初始投资成本或追加投资的投资成本，增加长期股权投资的账面价值
- 比较初始投资成本与投资时应享有被投资单位可辨认净资产公允价值的份额，前者大于后者的，不调整长期股权投资账面价值；前者小于后者的，应当按照两者之间的差额调增长期股权投资的账面价值，同时计入取得投资当期损益（营业外收入）
- 持有投资期间，随着被投资单位所有者权益的变动相应调整增加或减少长期股权投资的账面价值

权益法

初始投资成本的调整
- 初始投资成本大于取得投资时应享有被投资单位可辨认净资产公允价值份额的，不对长期股权投资的成本进行调整
- 初始投资成本小于取得投资时应享有被投资单位可辨认净资产公允价值份额的，差额应计入取得投资当期的营业外收入，同时调整增加长期股权投资的账面价值

具体操作

投资损益的确认
- 被投资单位采用的会计政策和会计期间与投资方不一致的，应按投资方的会计政策和会计期间对被投资单位的财务报表进行调整
- 投资方取得投资时，被投资单位有关资产、负债的公允价值与其账面价值不同的，未来期间，在计算归属于投资方应享有的净利润或应承担的净亏损时，应考虑对被投资单位计提的折旧额、摊销额以及资产减值准备金额等进行调整
- 对于投资方或纳入投资方合并财务报表范围的子公司与其联营企业及合营企业之间发生的未实现内部交易损益应予抵销
  - 顺流交易
    - 确认投资损益时，应抵销该未实现内部交易损益的影响，同时调整对联营企业或合营企业长期股权投资的账面价值
    - 因投出或出售资产给其联营企业或合营企业而产生的损益中，应仅限于确认归属于联营企业或合营企业其他投资方的部分
  - 逆流交易：比照上述顺流交易处理

长期股权投资的后续计量

被投资单位其他综合收益变动的处理
- 被投资单位其他综合收益发生变动的，投资方应当按照归属于本企业的部分，相应调整长期股权投资的账面价值，同时增加或减少其他综合收益

取得现金股利或利润的处理
- 投资方自被投资单位取得的现金股利或利润，应抵减长期股权投资的账面价值

超额亏损的确认
- 原则上应以长期股权投资及其他实质上构成对被投资单位净投资的长期权益减记至零为限，投资方负有承担额外损失义务的除外

被投资单位除净损益、其他综合收益以及利润分配以外的所有者权益的其他变动
- 按所持股权比例计算应享有的份额，调整长期股权投资的账面价值，同时计入资本公积（其他资本公积），并在备查簿中予以登记

长期股权投资的减值
- 出现减值迹象时，进行减值测试，计提减值准备
- 提取以后，不允许转回

核算方法的转换

公允价值计量转权益法核算
- 投资方应当按其确定的原股权投资的公允价值加上为取得新增投资而应支付对价的公允价值，作为改按权益法核算的初始投资成本
- 上述计算所得的初始投资成本，与按照追加投资后全新的持股比例计算确定的应享有被投资单位在追加投资日可辨认净资产公允价值份额之间的差额，前者大于后者的，不调整长期股权投资的账面价值；前者小于后者的，差额应调整长期股权投资的账面价值，并计入当期营业外收入
- 原持有的股权投资分类为以公允价值计量且其变动计入当期损益的金融资产的，其公允价值与账面价值之间的差额应当转入改按权益法核算的当期损益；原持有的股权投资指定为以公允价值计量且其变动计入其他综合收益的非交易性权益工具投资的，其公允价值与账面价值之间的差额以及原计入其他综合收益的累计公允价值变动应当直接转入留存收益

属于"一揽子"交易：合并方应当将各项交易作为一项取得控制权的交易进行会计处理

多次交易实现同一控制下企业合并

不属于"一揽子"交易

在合并日，根据合并后应享有被合并方净资产在最终控制方合并财务报表中的账面价值的份额，确定长期股权投资的初始投资成本

合并日长期股权投资的初始投资成本，与达到合并前的长期股权投资账面价值加上合并日进一步取得股份新支付对价的账面价值之和的差额，调整资本公积（资本溢价或股本溢价），资本公积不足冲减的，冲减留存收益

合并日之前持有的股权投资，因采用权益法核算或按照本书金融工具章节的相关内容核算而确认的其他综合收益，暂不进行会计处理，直至处置该项投资时采用与被投资单位直接处置相关资产或负债相同的基础进行会计处理；因采用权益法核算而确认的被投资单位净资产中除净损益、其他综合收益和利润分配以外的所有者权益其他变动，暂不进行会计处理，直至处置该项投资时转入当期损益

公允价值计量或权益法核算转成本法核算

多次交易实现非同一控制下企业合并

编制个别财务报表，个别财务报表的处理

按照原持有的股权投资的账面价值加上新增投资成本之和，作为改按成本法核算的初始投资成本

购买日之前持有的股权采用权益法核算的，相关其他综合收益应当在处置该项投资时采用与被投资单位直接处置相关资产或负债相同的基础进行会计处理，因被投资方除净损益、其他综合收益和利润分配以外的其他所有者权益变动而确认的所有者权益，应当在处置该项投资时相应转入处置期间的当期损益

购买日之前持有的股权投资，按照本书第八章的相关内容进行会计处理的，应当将按其确定的股权投资的公允价值加上新增投资成本之和，作为改按成本法核算的初始投资成本

权益法核算转公允价值计量

在丧失共同控制或重大影响之日的公允价值与账面价值之间的差额计入当期损益

原采用权益法核算的相关其他综合收益应当在终止采用权益法核算时，采用与被投资单位直接处置相关资产或负债相同的基础进行会计处理，因被投资方除净损益、其他综合收益和利润分配以外的其他所有者权益变动而确认的所有者权益，应当在终止采用权益法核算时全部转入当期损益

**核算方法的转换**

成本法核算转权益法核算

按处置投资的比例结转应终止确认的长期股权投资成本

比较剩余长期股权投资的成本与按照剩余持股比例计算原投资时应享有被投资单位可辨认净资产公允价值的份额，前者大于后者的，不调整长期股权投资的账面价值；前者小于后者的，在调整长期股权投资成本的同时，调整留存收益

对于原取得投资时至处置投资时（转为权益法核算）之间被投资单位实现净损益中投资方应享有的份额，应调整长期股权投资的账面价值，同时，对于原取得投资时至处置投资当期期初被投资单位实现的净损益（扣除已宣告发放的现金股利和利润）中应享有的份额，调整留存收益，对于处置投资当期期初至处置投资之日被投资单位实现的净损益中享有的份额，调整当期损益

对于被投资单位其他综合收益变动中应享有的份额，在调整长期股权投资账面价值的同时，应当计入其他综合收益；除净损益、其他综合收益和利润分配外的其他原因导致被投资单位其他所有者权益变动中应享有的份额，在调整长期股权投资账面价值的同时，应当计入资本公积（其他资本公积）

**长期股权投资的后续计量**

成本法核算转公允价值计量

在丧失控制之日的公允价值与账面价值之间的差额计入当期投资收益

**长期股权投资的处置**

出售所得价款与处置长期股权投资账面价值之间的差额，应确认为当期损益

概念：指一项由两个或两个以上的参与方共同控制的安排

主要特征
- 各参与方均受到该安排的约束
- 两个或两个以上的参与方对该安排实施共同控制

共同控制及判断原则
- 集体控制：如果所有参与方或一组参与方必须一致行动才能决定某项安排的相关活动，则称所有参与方或一组参与方集体控制该安排
- 相关活动的决策：主体应当在确定是由参与方组合集体控制该安排，而不是某一参与方单独控制该安排后，再判断这些集体控制该安排的参与方是否控制该安排。当且仅当相关活动的决策要求集体控制该安排的参与方一致同意时，才存在共同控制
- 争议解决机制：在分析合营安排的各方是否共同分享控制权时，要关注对于争议解决的机制安排
- 仅享有保护性权利的参与方不享有共同控制
- 一项安排的不同活动可能分别由不同的参与方或参与方组合主导
- 综合评估多项相关协议

合营安排的分类
- 共同经营
- 合营企业

**概念及合营安排的认定**

**共同经营中合营方的会计处理**

一般会计处理原则
- 确认单独所持有的资产，以及按其份额确认共同持有的资产
- 确认单独所承担的负债，以及按其份额确认共同承担的负债
- 确认出售其享有的共同经营产出份额所产生的收入
- 按其份额确认共同经营因出售产出所产生的收入
- 确认单独所发生的费用，以及按其份额确认共同经营发生的费用

合营方向共同经营投出或出售不构成业务的资产的会计处理：在共同经营将相关资产出售给第三方或相关资产消耗之前（即未实现内部利润仍包括在共同经营持有的资产账面价值中时），应当仅确认归属于共同经营其他参与方的利得或损失

合营方自共同经营购买不构成业务的资产的会计处理：在将该资产等出售给第三方之前（即未实现内部利润仍包括在合营方持有的资产账面价值中时），不应当确认因该交易产生的损益中该合营方应享有的部分

合营方取得构成业务的共同经营的利益份额的会计处理：按照企业合并等相关准则进行相应的会计处理

**合营安排**

**对共同经营不享有共同控制的参与方的会计处理原则**
- 享有该共同经营相关资产且承担共同经营相关负债的，比照合营方进行会计处理
- 否则，应当按照相关企业会计准则的规定对其利益份额进行会计处理

# 第六章 投资性房地产

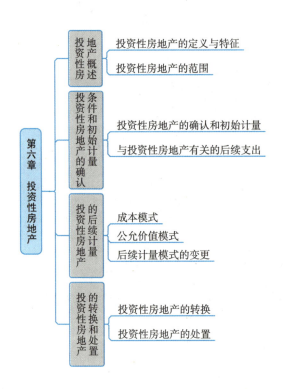

第六章 投资性房地产

投资性房地产概述
- 投资性房地产的定义与特征
- 投资性房地产的范围

投资性房地产的确认条件和初始计量
- 投资性房地产的确认和初始计量
- 与投资性房地产有关的后续支出

投资性房地产的后续计量
- 成本模式
- 公允价值模式
- 后续计量模式的变更

投资性房地产的转换和处置
- 投资性房地产的转换
- 投资性房地产的处置

投资性房地产概述
├─ 投资性房地产的定义与特征
│　├─ 定义：为赚取租金或资本增值，或者两者兼有而持有的房地产。应当能够单独计量和出售
│　└─ 特征
│　　├─ 投资性房地产是一种经营性活动
│　　└─ 投资性房地产在用途、状态、目的等方面区别于作为生产经营场所的房地产和用于销售的房地产
└─ 投资性房地产的范围
　├─ 属于投资性房地产的项目
　│　├─ 已出租的土地使用权
　│　│　├─ 企业通过出让或转让方式取得并以经营租赁方式出租的土地使用权
　│　│　├─ 企业计划用于出租但尚未出租的土地使用权，不属于此类
　│　│　└─ 对于租入土地使用权再转租给其他单位的，不能确认为投资性房地产
　│　├─ 持有并准备增值后转让的土地使用权
　│　│　├─ 企业通过出让或转让方式取得并准备增值后转让的土地使用权
　│　│　└─ 按照国家有关规定认定的闲置土地，不属于持有并准备增值的土地使用权
　│　└─ 已出租的建筑物
　│　　├─ 用于出租的建筑物是指企业拥有产权的建筑物，企业租入再转租的建筑物不属于投资性房地产
　│　　├─ 已出租的建筑物是企业已经与其他方签订了租赁协议，约定以经营租赁方式出租的建筑物
　│　　└─ 企业将建筑物出租，按租赁协议向承租人提供的相关辅助服务在整个协议中不重大的，应当将该建筑物确认为投资性房地产
　└─ 不属于投资性房地产的项目
　　├─ 自用房地产
　　└─ 作为存货的房地产

投资性房地产的确认条件和初始计量
├─ 投资性房地产的确认和初始计量
│　├─ 确认条件
│　│　├─ 与该投资性房地产有关的经济利益很可能流入企业
│　│　└─ 该投资性房地产的成本能够可靠地计量
│　├─ 初始计量：应当按照成本进行计量
│　├─ 外购投资性房地产的确认条件和初始计量
│　│　├─ 只有在购入的同时开始对外出租或用于资本增值，才能作为投资性房地产加以确认
│　│　└─ 实际成本=购买价款+相关税费+其他支出
│　└─ 自行建造投资性房地产的确认条件和初始计量
│　　├─ 只有在自行建造活动完成（即达到预定可使用状态）的同时开始对外出租或用于资本增值，才能将自行建造的房地产确认为投资性房地产
│　　└─ 成本由建造该项资产达到预定可使用状态前发生的必要支出构成
└─ 与投资性房地产有关的后续支出
　├─ 资本化的后续支出：与投资性房地产有关的后续支出，满足投资性房地产确认条件的，应当计入投资性房地产成本
　└─ 费用化的后续支出：应当在发生时计入当期损益

投资性房地产的后续计量
├─ 成本模式
│　├─ 按照固定资产或无形资产的有关规定，按期（月）计提折旧或摊销，借记"其他业务成本"等科目，贷记"投资性房地产累计折旧"或"投资性房地产累计摊销"科目
│　├─ 取得的租金收入，借记"银行存款"等科目，贷记"其他业务收入"等科目
│　└─ 投资性房地产存在减值迹象的，适用资产减值的有关规定
└─ 公允价值模式
　├─ 适用条件
　│　├─ 投资性房地产所在地有活跃的房地产交易市场
　│　└─ 企业能够从活跃的房地产交易市场上取得同类或类似房地产的市场价格及其他相关信息，从而对投资性房地产的公允价值作出合理的估计
　└─ 会计处理
　　├─ 不对投资性房地产计提折旧或摊销
　　└─ 取得的租金收入，借记"银行存款"等科目，贷记"其他业务收入"等科目

投资性房地产的后续计量

后续计量模式的变更

变更要求

- 计量模式一经确定，不得随意变更
- 在房地产市场比较成熟、能够满足采用公允价值模式条件的情况下，才允许企业对投资性房地产从成本模式计量变更为公允价值模式计量
- 已采用公允价值模式计量的投资性房地产，不得从公允价值模式转为成本模式

投资性房地产的转换和处置

投资性房地产的转换

成本模式下的转换

| 投资性房地产转换为自用房地产 | 按该项投资性房地产在转换日的账面余额、累计折旧或摊销、减值准备等，分别转入"固定资产""无形资产""累计折旧""累计摊销""固定资产减值准备""无形资产减值准备"等科目 |
| --- | --- |
| 投资性房地产转换为存货 | 应当按照该项房地产在转换日的账面价值，借记"开发产品"科目，按照已计提的折旧或摊销，借记"投资性房地产累计折旧"或"投资性房地产累计摊销"科目，原已计提减值准备的，借记"投资性房地产减值准备"科目，按其账面余额，贷记"投资性房地产"科目 |
| 自用房地产转换为投资性房地产 | 应当按该项建筑物或土地使用权在转换日的原价、累计折旧或摊销、减值准备等，分别转入"投资性房地产"、"投资性房地产累计折旧"或"投资性房地产累计摊销"、"投资性房地产减值准备"科目 |
| 作为存货的房地产转换为投资性房地产 | 按该项存货在转换日的账面价值，借记"投资性房地产"科目，原已计提跌价准备的，借记"存货跌价准备"科目，按其账面余额，贷记"开发产品"等科目 |

公允价值模式下的转换

| 投资性房地产转换为自用房地产 | 转换日，按该项投资性房地产的公允价值，借记"固定资产"或"无形资产"科目，按该项投资性房地产的成本，贷记"投资性房地产——成本"科目，按该项投资性房地产的累计公允价值变动，贷记或借记"投资性房地产——公允价值变动"科目，按其差额，贷记或借记"公允价值变动损益"科目 |
| --- | --- |
| 投资性房地产转换为存货 | 转换日，按公允价值借记"开发产品"等科目，按成本贷记"投资性房地产——成本"科目，按累计公允价值变动，贷记或借记"投资性房地产——公允价值变动"科目，按其差额，贷记或借记"公允价值变动损益"科目 |
| 自用房地产转换为投资性房地产 | 应当按该项房地产在转换日的公允价值，借记"投资性房地产——成本"科目，贷记"固定资产"或"无形资产"等科目 |
| 作为存货的房地产转换为投资性房地产 | 应当按该项房地产在转换日的公允价值，借记"投资性房地产——成本"科目，贷记"开发产品"等科目 |

投资性房地产的处置

- 应当终止确认该项投资性房地产
- 将处置收入扣除其账面价值和相关税费后的金额计入当期损益

# 第七章  资产减值

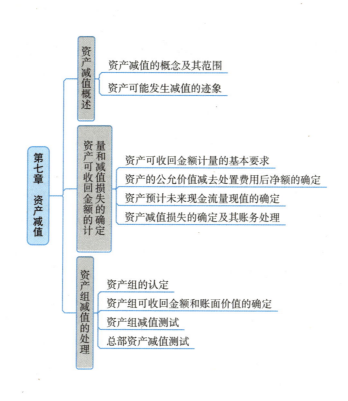

第七章 资产减值
- 资产减值概述
  - 资产减值的概念及其范围
  - 资产可能发生减值的迹象
- 资产可收回金额的计量和减值损失的确定
  - 资产可收回金额计量的基本要求
  - 资产的公允价值减去处置费用后净额的确定
  - 资产预计未来现金流量现值的确定
  - 资产减值损失的确定及其账务处理
- 资产组减值的处理
  - 资产组的认定
  - 资产组可收回金额和账面价值的确定
  - 资产组减值测试
  - 总部资产减值测试

**资产减值概述**

- **资产减值的概念及其范围**
  - 概念：指资产的可收回金额低于其账面价值
  - 范围：主要是企业的非流动资产

- **资产可能发生减值的迹象**
  - 企业外部信息来源
    - 资产的市价当期大幅度下跌，其跌幅明显高于因时间的推移或者正常使用而预计的下跌
    - 企业经营所处的经济、技术或者法律等环境以及资产所处的市场在当期或者将在近期发生重大变化，从而对企业产生不利影响
    - 市场利率或者其他市场投资报酬率在当期已经提高，从而影响企业计算资产预计未来现金流量现值的折现率，导致资产可收回金额大幅度降低
  - 企业内部信息来源
    - 有证据表明资产已经陈旧过时或者其实体已经损坏
    - 资产已经或者将被闲置、终止使用或者计划提前处置
    - 企业内部报告的证据表明资产的经济绩效已经低于或者将低于预期，如资产所创造的净现金流量或者实现的营业利润（或者亏损）远远低于（或者高于）预计金额等

**资产可收回金额的计量和减值损失的确定**

- **资产可收回金额计量的基本要求**
  - 应当根据资产的公允价值减去处置费用后的净额与资产预计未来现金流量的现值两者之间较高者确定

- **资产的公允价值减去处置费用后净额的确定**
  - 首先，应当根据公平交易中资产的销售协议价格减去可直接归属于该资产处置费用的金额确定
  - 其次，在资产不存在销售协议但存在活跃市场的情况下，应当根据该资产的市场价格减去处置费用后的净额确定
  - 最后，在既不存在资产销售协议又不存在活跃市场的情况下，企业应当以可获取的最佳信息为基础，根据在资产负债表日假定处置该资产，熟悉情况的交易双方自愿进行公平交易愿意提供的交易价格减去资产处置费用后的净额，估计资产的公允价值减去处置费用后的净额

- **资产预计未来现金流量现值的确定**
  - 预计资产未来现金流量的基础
    - 企业管理层应当在合理和有依据的基础上对资产剩余使用寿命内整个经济状况进行最佳估计，并将资产预计未来现金流量的估计，建立在经企业管理层批准的最近财务预算或者预测数据的基础上
  - 资产未来现金流量的预计
    - 预计资产未来现金流量应当包括的内容
      - 资产持续使用过程中预计产生的现金流入
      - 为实现资产持续使用过程中产生的现金流入所必需的预计现金流出（包括为使资产达到预定可使用状态所发生的现金流出）
      - 资产使用寿命结束时，处置资产所收到或者支付的净现金流量
    - 预计资产未来现金流量应当考虑的因素
      - 以资产的当前状况为基础预计资产未来现金流量
      - 不应当包括筹资活动和与所得税收付有关的现金流量
      - 对通货膨胀因素的考虑应当和折现率相一致
      - 对内部转移价格应当予以调整
    - 预计资产未来现金流量的方法
      - 通常应当根据资产未来期间最有可能产生的现金流量进行预测
      - 如果采用期望现金流量法更为合理，应当采用期望现金流量法预测

资产可收回金额的计量和减值损失的确定

资产预计未来现金流量现值的确定

折现率的预计
- 即购置或者投资资产时所要求的必要报酬率
- 通常应当以该资产的市场利率为依据
- 如果市场利率无法获得，可以使用替代利率估计折现率

资产未来现金流量现值的确定
- （PV）=∑第t年预计资产未来现金流量（$NCF_t$）/〔1+折现率（R）〕$_t$

外币未来现金流量及其现值的确定
- 首先，应当以该资产所产生的未来现金流量的结算货币为基础预计其未来现金流量，并按照该货币适用的折现率计算资产预计未来现金流量的现值
- 其次，将该外币现值按照计算资产未来现金流量现值当日的即期汇率进行折算，从而折算成按照记账本位币表示的资产未来现金流量的现值
- 最后，在现值基础上，将其与资产公允价值减去处置费用后的净额相比较，确定其可收回金额，及是否需要确认减值损失以及确认多少减值损失

资产减值损失的确定及其账务处理

资产减值损失的确定
- 如果资产的可收回金额低于账面价值，资产减值损失=资产的账面价值-可收回金额

资产减值损失的账务处理
- 会计分录：
  借：资产减值损失
  　　贷：固定资产减值准备
  　　　　无形资产减值准备
  　　　　长期股权投资减值准备等

资产组减值的处理

资产组的认定
- 资产组：指企业可以认定的最小资产组合，其产生的现金流入应当基本上独立于其他资产或资产组产生的现金流入
- 应当考虑的因素
  - 应当以资产组产生的主要现金流入是否独立于其他资产或者资产组的现金流入为依据
  - 应当考虑企业管理层管理生产经营活动的方式和对资产的持续使用或者处置的决策方式等

资产组可收回金额的确定和账面价值
- 可收回金额：应当按照该资产组的公允价值减去处置费用后的净额与其预计未来现金流量的现值两者之间较高者确定
- 账面价值：包括可直接归属于资产组与可以合理和一致地分摊至资产组的资产账面价值，通常不应包括已确认负债的账面价值

资产组减值测试
- 减值损失金额=资产组账面价值-资产组的可收回金额
- 减值分摊顺序
  - 抵减分摊至资产组中商誉的账面价值
  - 根据资产组中除商誉之外的其他各项资产的账面价值所占比重，按比例抵减其他各项资产的账面价值

总部资产减值测试
- 通常难以单独进行减值测试，需要结合其他相关资产组或者资产组组合进行
- 对于相关总部资产能够按照合理和一致的基础分摊至该资产组的部分，应当将部分总部资产的账面价值分摊至该资产组，再对资产组进行减值测试
- 对于相关总部资产中有部分资产难以按照合理和一致的基础分摊至该资产组的
  - 在不考虑相关总部资产的情况下，估计和比较资产组的账面价值和可收回金额，确认资产组减值损失
  - 认定由若干个资产组组成的最小的资产组组合，该资产组组合应当包括所测试的资产组与可以按照合理和一致的基础将该总部资产的账面价值分摊其上的部分
  - 比较所认定的资产组组合的账面价值（包括已分摊的总部资产的账面价值部分）和可收回金额，确认减值损失
  - 经上述减值测试并调整相应资产账面价值后，比较包括未分摊的总部资产在内的资产组组合的账面价值与可收回金额，确认减值损失

# 第八章　金融资产和金融负债

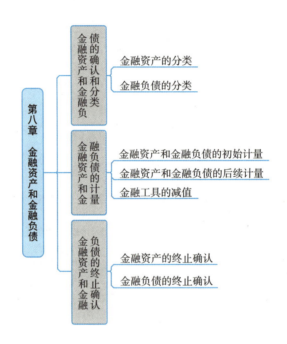

- 第八章　金融资产和金融负债
  - 金融资产和金融负债的确认和分类
    - 金融资产的分类
    - 金融负债的分类
  - 金融资产和金融负债的计量
    - 金融资产和金融负债的初始计量
    - 金融资产和金融负债的后续计量
    - 金融工具的减值
  - 金融资产和金融负债的终止确认
    - 金融资产的终止确认
    - 金融负债的终止确认

分类

- 以摊余成本计量的金融资产
- 以公允价值计量且其变动计入其他综合收益的金融资产
- 以公允价值计量且其变动计入当期损益的金融资产

分类要求：上述分类一经确定，不得随意变更

金融资产的具体分类

- 以摊余成本计量的金融资产，同时满足下列条件：
  - 条件一：企业管理该金融资产的业务模式是以收取合同现金流量为目标
  - 条件二：该金融资产的合同条款规定，在特定日期产生的现金流量，仅为支付的本金和以未偿付本金金额为基础的利息
- 以公允价值计量且其变动计入其他综合收益的金融资产，同时满足下列条件
  - 条件一：企业管理该金融资产的业务模式，既以收取合同现金流量为目标又以出售该金融资产为目标
  - 条件二：该金融资产的合同条款规定，在特定日期产生的现金流量，仅为支付的本金和以未偿付本金金额为基础的利息
- 以公允价值计量且其变动计入当期损益的金融资产
  - 股票
  - 基金
  - 可转换债券

金融资产分类的特殊规定

- 权益工具投资一般不符合本金加利息的合同现金流量特征，因此应当分类为以公允价值计量且其变动计入当期损益的金融资产
- 但在初始确认时，企业可以将非交易性权益工具投资指定为以公允价值计量且其变动计入其他综合收益的金融资产，并将股利收入计入当期损益。该指定一经作出，不得撤销

不同类金融资产之间的重分类

- 情形：改变其管理金融资产的业务模式
- 要求：应当自重分类日起采用未来适用法进行相关会计处理，不得对以前已经确认的利得、损失（包括减值损失或利得）或利息进行追溯调整

金融负债的分类

分类

- （1）以公允价值计量且其变动计入当期损益的金融负债
- （2）不符合终止确认条件的金融资产转移或继续涉入被转移金融资产所形成的金融负债
- 不属于上述（1）或（2）情形的财务担保合同
- 不属于上述（1）情形的、以低于市场利率贷款的贷款承诺
- 以摊余成本计量的金融负债

分类要求：企业对金融负债的分类一经确定，不得变更

**金融资产和金融负债的确认和分类**
**金融资产和金融负债的计量**

金融资产和金融负债的初始计量

- 初始确认金融资产和金融负债，应当按照公允价值计量
- 对于以公允价值计量且其变动计入当期损益的金融资产和金融负债，相关交易费用应当直接计入当期损益
- 对于其他类别的金融资产和金融负债，相关交易费用应当计入初始确认金额
- 企业初始确认的应收账款未包含重大融资成分或不考虑不超过一年的合同中的融资成分的，应当按照交易价格进行初始计量

金融资产和金融负债的后续计量

金融资产的后续计量

以摊余成本计量的金融资产的会计处理

- 实际利率法：计算金融资产或金融负债的摊余成本以及将利息收入或利息费用分摊计入各会计期间的方法
- 摊余成本：初始确认金额-已偿还的本金+（-）采用实际利率法将该初始确认金额与到期日金额之间的差额进行摊销形成的累计摊销额-计提的累计信用减值准备（仅适用于金融资产）
- 具体会计处理：取得时：应按该投资的面值，借记"债权投资——成本"科目，按支付的价款中包含的已到付息期但尚未领取的利息，借记"应收利息"科目，按实际支付的金额，贷记"银行存款"等科目，按其差额，借记或贷记"债权投资——利息调整"科目

金融资产和金融负债的计量

└─ 金融资产和金融负债的后续计量

　　└─ 金融资产的后续计量

　　　├─ 以摊余成本计量的金融资产的会计处理

　　　　├─ 具体会计处理

　　　　　├─ 资产负债表日，为分期付息、一次还本债券投资的，应按票面利率计算确定的应收未收利息，借记"应收利息"科目，按该金融资产摊余成本和实际利率计算确定的利息收入，贷记"投资收益"等科目，按其差额，借记或贷记"债权投资——利息调整"科目。

　　　　　　为一次还本付息债券投资的，应按票面利率计算确定的应收未收利息，借记"债权投资——应计利息"科目，按该金融资产摊余成本和实际利率计算确定的利息收入，贷记"投资收益"等科目，按其差额，借记或贷记"债权投资——利息调整"科目

　　　　　└─ 出售时：应按实际收到的金额，借记"银行存款"等科目，按其账面余额，贷记"债权投资——成本""债权投资——应计利息"科目，贷记或借记"债权投资——利息调整"科目，按其差额，贷记或借记"投资收益"科目。已计提信用减值准备的，还应同时结转信用减值准备

　　　├─ 以公允价值计量且其变动计入其他综合收益的金融资产的会计处理

　　　　├─ 取得时：应按该金融资产投资的面值，借记"其他债权投资——成本"科目，按支付的价款中包含的已到付息期但尚未领取的利息，借记"应收利息"科目，按实际支付的金额，贷记"银行存款"等科目，按其差额，借记或贷记"其他债权投资——利息调整"科目

　　　　├─ 资产负债表日，为分期付息、一次还本债券投资的，应按票面利率计算确定的应收未收利息，借记"应收利息"科目，按债券的摊余成本和实际利率计算确定的利息收入，贷记"投资收益"等科目，按其差额，借记或贷记"其他债权投资——利息调整"科目。

　　　　　为一次还本付息债券投资的，应按票面利率计算确定的应收未收利息，借记"其他债权投资——应计利息"科目，按债券的摊余成本和实际利率计算确定的利息收入，贷记"投资收益"等科目，按其差额，借记或贷记"其他债权投资——利息调整"科目

　　　　├─ 资产负债表日，公允价值高于其账面余额的差额，借记"其他债权投资——公允价值变动"科目，贷记"其他综合收益——其他债权投资公允价值变动"科目；公允价值低于其账面余额的差额作相反的会计分录；同时确认减值损失

　　　　└─ 出售时：应按实际收到的金额，借记"银行存款"等科目，按其账面余额，贷记"其他债权投资——成本""其他债权投资——应计利息"科目，贷记或借记"其他债权投资——公允价值变动""其他债权投资——利息调整"，借记或贷记"其他综合收益——其他债权投资公允价值变动"科目，借记"其他综合收益——信用减值准备"科目，按其差额，贷记或借记"投资收益"科目

　　　└─ 以公允价值计量且其变动计入当期损益的金融资产的会计处理

　　　　├─ 取得时：按其公允价值，借记"交易性金融资产——成本"科目，按发生的交易费用，借记"投资收益"科目，按已到付息期但尚未领取的利息或已宣告但尚未发放的现金股利，借记"应收利息"或"应收股利"科目，按实际支付的金额，贷记"银行存款"等科目

　　　　├─ 持有期间被投资单位发放的现金股利或利息，借记"库存现金""银行存款""应收股利""应收利息"等科目，贷记"投资收益"科目

　　　　├─ 资产负债表日，公允价值高于其账面余额的差额，借记"交易性金融资产——公允价值变动"科目，贷记"公允价值变动损益"科目；公允价值低于其账面余额的差额作相反的会计分录

　　　　└─ 出售时：应按实际收到的金额，借记"银行存款"等科目，按该金融资产的账面余额，贷记"交易性金融资产——成本"科目，贷记或借记"交易性金融资产——公允价值变动"等科目，按其差额，贷记或借记"投资收益"科目

金融资产和金融负债的计量
├─ 金融资产和金融负债的后续计量
│   ├─ 金融资产的后续计量
│   │   ├─ 指定为以公允价值计量且其变动计入其他综合收益的非交易性权益工具投资的会计处理
│   │   │   ├─ 取得时：按该投资的公允价值与交易费用之和，借记"其他权益工具投资——成本"科目，按支付的价款中包含的已宣告但尚未发放的现金股利，借记"应收股利"科目，按实际支付的金额，贷记"银行存款"等科目
│   │   │   ├─ 资产负债表日，公允价值高于其账面余额的差额，借记"其他权益工具投资——公允价值变动"科目，贷记"其他综合收益——其他权益工具投资公允价值变动"科目；公允价值低于其账面余额的差额作相反的会计分录
│   │   │   └─ 出售时：应按实际收到的金额，借记"银行存款"等科目，按其账面余额，贷记"其他权益工具投资——成本"科目，借记或贷记"其他权益工具投资——公允价值变动"科目，按应从其他综合收益中转出的公允价值累计变动额，借记或贷记"其他综合收益——其他权益工具投资公允价值变动"科目，将其差额转入留存收益
│   │   └─ 金融资产之间重分类的会计处理
│   │       ├─ 以摊余成本计量的金融资产的重分类
│   │       │   ├─ 重分类为以公允价值计量且其变动计入当期损益的金融资产的，应当按照该金融资产在重分类日的公允价值进行计量，原账面价值与公允价值之间的差额计入当期损益
│   │       │   └─ 重分类为以公允价值计量且其变动计入其他综合收益的金融资产的，应当按照该金融资产在重分类日的公允价值进行计量。原账面价值与公允价值之间的差额计入其他综合收益
│   │       ├─ 以公允价值计量且其变动计入其他综合收益的金融资产的重分类
│   │       │   ├─ 重分类为以摊余成本计量的金融资产的，应当将之前计入其他综合收益的累计利得或损失转出，调整该金融资产在重分类日的公允价值，并以调整后的金额作为新的账面价值
│   │       │   └─ 重分类为以公允价值计量且其变动计入当期损益的金融资产的，应当继续以公允价值计量该金融资产；同时，企业应当将之前计入其他综合收益的累计利得或损失从其他综合收益转入当期损益
│   │       └─ 以公允价值计量且其变动计入当期损益的金融资产的重分类
│   │           ├─ 重分类为以摊余成本计量的金融资产的，应当以其在重分类日的公允价值作为新的账面余额
│   │           └─ 重分类为以公允价值计量且其变动计入其他综合收益的金融资产的，应当继续以公允价值计量该金融资产
│   └─ 金融负债的后续计量
│       ├─ 对于以公允价值进行后续计量的金融负债，其公允价值变动形成利得或损失，除与套期会计有关外，应当计入当期损益
│       ├─ 以摊余成本计量且不属于任何套期关系一部分的金融负债所产生的利得或损失，应当在终止确认时计入当期损益或在按照实际利率法摊销时计入相关期间损益
│       └─ 金融负债的摊余成本=初始确认金额−已偿还的本金+（−）采用实际利率法将该初始确认金额与到期日金额之间的差额进行摊销形成的累计摊销额
└─ 金融工具的减值
    ├─ 在预期信用损失法下，减值准备的计提不以减值的实际发生为前提，而是以未来可能的违约事件造成的损失的期望值来计量当前（资产负债表日）应当确认的减值准备。采用预期信用损失法
    ├─ 计提范围
    │   ├─ 以摊余成本计量的金融资产
    │   ├─ 以公允价值计量且其变动计入其他综合收益的金融资产
    │   ├─ 租赁应收款
    │   ├─ 教材第十二章定义的合同资产
    │   └─ 企业作出的贷款承诺（以公允价值计量且其变动计入当期损益的金融负债除外）、财务担保合同（以公允价值计量且其变动计入当期损益的金融负债除外）、以低于市场利率贷款的贷款承诺（以公允价值计量且其变动计入当期损益的金融负债除外）
    └─ 金融工具减值的三阶段
        ├─ 第一阶段：信用风险自初始确认后未显著增加：企业应当按照未来12个月的预期信用损失计量损失准备，并按其账面余额（即未扣除减值准备）和实际利率计算利息收入（若该工具为金融资产，下同）
        └─ 第二阶段：信用风险自初始确认后已显著增加但尚未发生信用减值：企业应当按照该工具整个存续期的预期信用损失计量损失准备，并按其账面余额和实际利率计算利息收入

金融资产和金融负债的计量

金融工具的减值

- 金融工具减值的三阶段
  - 第三阶段：初始确认后发生信用减值：企业应当按照该工具整个存续期的预期信用损失计量损失准备，但对利息收入的计算不同于处于前两个阶段的金融资产。对于已发生信用减值的金融资产，企业应当按其摊余成本（账面余额减已计提减值准备，也即账面价值）和实际利率计算利息收入

- 对信用风险显著增加的评估
  - 如果合同付款逾期超过（含）30日，则通常可以推定金融资产的信用风险显著增加
  - 企业无须进行比较分析的情形：（1）较低信用风险。（2）应收款项、租赁应收款和合同资产

- 不同金融工具预期信用损失的计量
  - 金融资产信用损失为下列两者差额的现值：①依照合同应收取的合同现金流量；②预期能收到的现金流量
  - 财务担保合同信用损失是企业就合同持有人发生的信用损失向其作出赔付的预期付款额，减去企业预期向该合同持有人、债务人或其他方收取的金额的差额的现值

- 企业应当采用相关金融工具初始确认时确定的实际利率或其近似值，将现金流缺口折现为资产负债表日的现值

- 利息收入的确认
  - 未发生减值的资产，企业应当按照该金融资产的账面余额（即不考虑减值影响）乘以实际利率的金额确定其利息收入
  - 已发生减值的资产，企业应当按照该金融资产的摊余成本（即账面余额减已计提减值）乘以实际利率（初始确认时确定的实际利率，不因减值的发生而变化）的金额确定其利息收入

- 账务处理
  - 计提：
    借：信用减值损失
    　　贷：债权投资减值准备、坏账准备、预计负债、其他综合收益等
  - 转回作相反会计分录
  - 核销：
    借：贷款损失准备
    　　信用减值损失（核销金额大于已计提的损失准备，按差额）
    　　贷：贷款、应收账款、合同资产

金融资产和金融负债的终止确认

- 金融资产的终止确认
  - 金融资产整体终止确认，满足下列条件之一：
    - 收取该金融资产现金流量的合同权利终止
    - 该金融资产已转移，且该转移满足《企业会计准则第23号——金融资产转移》关于金融资产终止确认的规定
  - 金融资产一部分终止确认：满足下列条件之一
    - 该金融资产部分仅包括金融资产所产生的特定可辨认现金流量
    - 该金融资产部分仅包括与该金融资产所产生的全部现金流量完全成比例的现金流量部分
    - 该金融资产部分仅包括与该金融资产所产生的特定可辨认现金流量完全成比例的现金流量部分

- 金融负债的终止确认
  - 出现以下两种情况之一
    - 债务人通过履行义务（如偿付债权人）解除了金融负债（或其一部分）的现时义务。债务人通常使用现金、其他金融资产等方式偿债
    - 债务人通过法定程序（如法院裁定）或债权人（如债务豁免），合法解除了债务人对金融负债（或其一部分）的主要责任

# 第九章　职工薪酬

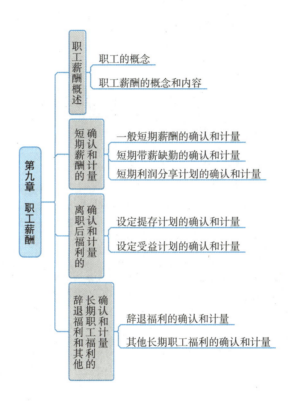

职工薪酬概述
├─ 职工的概念
│　├─ 与企业订立劳动合同的所有人员，含全职、兼职和临时职工
│　└─ 未与企业订立劳动合同但由企业正式任命的人员
└─ 职工薪酬的概念和内容
　　├─ 概念：职工薪酬，是指企业为获得职工提供的服务或解除劳动关系而给予的各种形式的报酬或补偿。企业提供给职工配偶、子女、受赡养人、已故员工遗属及其他受益人等的福利，也属于职工薪酬
　　└─ 内容
　　　　├─ 短期薪酬
　　　　│　├─ 职工工资、奖金、津贴和补贴
　　　　│　├─ 职工福利费
　　　　│　├─ 医疗保险费和工伤保险费等社会保险费
　　　　│　├─ 住房公积金
　　　　│　├─ 工会经费和职工教育经费
　　　　│　├─ 短期带薪缺勤
　　　　│　├─ 短期利润分享计划
　　　　│　├─ 非货币性福利
　　　　│　└─ 其他短期薪酬
　　　　├─ 离职后福利：离职后福利，是指企业为获得职工提供的服务而在职工退休或与企业解除劳动关系后提供的各种形式的报酬和福利，属于短期薪酬和辞退福利的除外
　　　　│　└─ 离职后福利计划
　　　　│　　　├─ 设定提存计划
　　　　│　　　└─ 设定受益计划
　　　　├─ 辞退福利：辞退福利，是指企业在职工劳动合同到期之前解除与职工的劳动关系或为鼓励职工自愿接受裁减而给予职工的补偿
　　　　└─ 其他长期职工福利：其他长期职工福利包括长期带薪缺勤、其他长期服务福利、长期残疾福利、长期利润分享计划和长期奖金计划等

短期薪酬的确认和计量
├─ 一般短期薪酬的确认和计量
│　├─ 企业发生的职工工资、津贴和补贴等短期薪酬，应当在职工为其提供服务的会计期间，根据职工提供服务情况和工资标准等计算确定计入职工薪酬的金额，按照受益对象计入当期损益或相关资产成本，借记"生产成本""制造费用""管理费用"等科目，贷记"应付职工薪酬"科目。发放时，借记"应付职工薪酬"科目，贷记"银行存款"等科目
│　├─ 企业为职工缴纳的医疗保险费、工伤保险费等社会保险费和住房公积金，以及按规定提取的工会经费和职工教育经费，应当在职工为其提供服务的会计期间，根据规定的计提基础和计提比例计算确定相应的职工薪酬金额，确认相关负债，按照受益对象计入当期损益或相关资产成本
│　└─ 企业发生的职工福利费，应当在实际发生时根据实际发生额计入当期损益或相关资产成本。企业向职工提供非货币性福利的，应当按照公允价值计量
└─ 短期带薪缺勤的确认和计量
　　├─ 累积带薪缺勤
　　│　├─ 累积带薪缺勤，是指带薪权利可以结转下期的带薪缺勤，本期尚未用完的带薪缺勤权利可以在未来期间使用
　　│　└─ 确认费用时：
　　│　　　借：管理费用
　　│　　　　　贷：应付职工薪酬——累积带薪缺勤
　　│　　　冲回上年度确认的费用时：
　　│　　　借：应付职工薪酬——累积带薪缺勤
　　│　　　　　贷：管理费用
　　└─ 非累积带薪缺勤
　　　　├─ 非累积带薪缺勤，是指带薪权利不能结转下期的带薪缺勤，本期尚未用完的带薪缺勤权利将予以取消，并且职工离开企业时也无权获得现金支付
　　　　└─ 与非累积带薪缺勤相关的职工薪酬已经包括在企业每期向职工发放的工资等薪酬中，不必额外作相应的账务处理，即视同职工出勤确认的当期费用或相关资产成本

短期薪酬的确认和计量 ┳ 短期利润分享计划的确认和计量

短期利润分享计划同时满足下列条件的，企业应当确认相关的应付职工薪酬，并计入当期损益或相关资产成本：（1）企业因过去事项导致现在具有支付职工薪酬的法定义务或推定义务。（2）因利润分享计划所产生的应付职工薪酬义务金额能够可靠估计

按受益原则分配：
借：管理费用
　　贷：应付职工薪酬

离职后福利的确认和计量 ┳ 设定提存计划的确认和计量

设定提存计划，是指企业向单独主体（如基金等）缴存固定费用后，不再承担进一步支付义务的离职后福利计划

借：生产成本、制造费用、管理费用
　　贷：应付职工薪酬——设定提存计划

设定受益计划的确认和计量

设定受益计划，是指除设定提存计划以外的离职后福利计划

当企业负有下列义务时，该计划属于一项设定受益计划：（1）计划福利公式不仅仅与提存金金额相关，且要求企业在资产不足以满足该公式的福利时提供进一步的提存金；或者（2）通过计划间接地或直接地对提存金的特定回报作出担保

会计处理的步骤

（1）确定设定受益计划义务的现值和当期服务成本。企业应当根据预期累计福利单位法，采用无偏且相互一致的精算假设对有关人口统计变量和财务变量等作出估计，计量设定受益计划所产生的义务，并确定相关义务的归属期间。企业应当根据资产负债表日与设定受益计划义务期限和币种相匹配的国债或活跃市场上的高质量公司债券的市场收益率确定折现率，将设定受益计划所产生的义务予以折现，以确定设定受益计划义务的现值和当期服务成本

（2）确定设定受益计划净负债或净资产。设定受益计划存在资产的，企业应当将设定受益计划义务的现值减去设定受益计划资产公允价值所形成的赤字或盈余确认为一项设定受益计划净负债或净资产

（3）确定应当计入当期损益的金额。报告期末，企业应当在损益中确认的设定受益计划产生的职工薪酬成本包括服务成本、设定受益计划净负债或净资产的利息净额

（4）确定应当计入其他综合收益的金额。企业应当将重新计量设定受益计划净负债或净资产所产生的变动计入其他综合收益，并且在后续会计期间不允许转回至损益，但企业可以在权益范围内转移这些在其他综合收益中确认的金额

辞退福利和其他长期职工福利的确认和计量 ┳ 辞退福利的确认和计量

辞退福利，是指企业在职工劳动合同到期之前解除与职工的劳动关系，或者为鼓励职工自愿接受裁减而给予职工的补偿

企业向职工提供辞退福利的，应当在以下两者孰早的时点确认辞退福利产生的职工薪酬负债，并计入当期损益：
（1）企业不能单方面撤回因解除劳动关系计划或裁减建议所提供的辞退福利时。
（2）企业确认涉及支付辞退福利的重组相关的成本或费用时

其他长期职工福利的确认和计量

其他长期职工福利包括长期带薪缺勤、其他长期服务福利、长期残疾福利、长期利润分享计划和长期奖金计划等

符合设定提存计划条件的，应当按照设定提存计划的有关规定进行会计处理；符合设定受益计划条件的，应当按照设定受益计划的有关规定进行会计处理

报告期末，企业应当将其他长期职工福利产生的职工薪酬的总净额计入当期损益或相关资产成本

# 第十章　借款费用

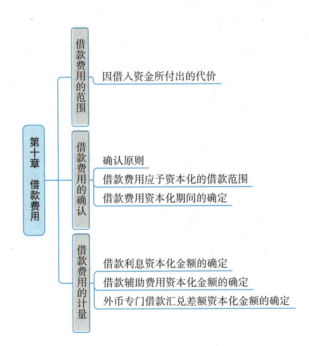

- 第十章　借款费用
  - 借款费用的范围
    - 因借入资金所付出的代价
  - 借款费用的确认
    - 确认原则
    - 借款费用应予资本化的借款范围
    - 借款费用资本化期间的确定
  - 借款费用的计量
    - 借款利息资本化金额的确定
    - 借款辅助费用资本化金额的确定
    - 外币专门借款汇兑差额资本化金额的确定

借款费用的范围 —— 因借入资金所付出的代价
- 借款利息
- 折价或者溢价的摊销
- 辅助费用
- 因外币借款而发生的汇兑差额

借款费用的确认
- 确认原则
  - 可直接归属于符合资本化条件的资产购建或者生产的，应当予以资本化，计入相关资产成本
  - 其他借款费用应当在发生时根据其发生额确认为费用，计入当期损益
- 本化的借款范围借款费用应予资
  - 专门借款：为购建或者生产符合资本化条件的资产而专门借入的款项
  - 一般借款：除专门借款之外的借款
- 借款费用资本化期间的确定
  - 借款费用开始资本化的时点
    - 必须同时满足三个条件：即资产支出已经发生、借款费用已经发生、为使资产达到预定可使用或者可销售状态所必要的购建或者生产活动已经开始
  - 借款费用暂停资本化的时间
    - 符合资本化条件的资产在购建或者生产过程中发生非正常中断且中断时间连续超过3个月的，应当暂停借款费用的资本化
  - 借款费用停止资本化的时点
    - 购建或者生产符合资本化条件的资产达到预定可使用或者可销售状态

借款费用的计量
- 借款利息资本化金额的确定
  - 为购建或者生产符合资本化条件的资产而借入专门借款的，应当以专门借款当期实际发生的利息费用减去将尚未动用的借款资金存入银行取得的利息收入或进行暂时性投资取得的投资收益后的金额，确定专门借款应予资本化的利息金额
  - 为购建或者生产符合资本化条件的资产而占用了一般借款的，企业应当根据累计资产支出超过专门借款部分的资产支出加权平均数乘以所占用一般借款的资本化率，计算确定一般借款应予资本化的利息金额。资本化率应当根据一般借款加权平均利率计算确定
- 借款辅助费用资本化金额的确定
  - 在所购建或者生产的符合资本化条件的资产达到预定可使用或者可销售状态之前发生的，应当在发生时根据其发生额予以资本化
  - 在所购建或者生产的符合资本化条件的资产达到预定可使用或者可销售状态之后所发生的，应当在发生时根据其发生额确认为费用，计入当期损益
- 外币专门借款汇兑差额资本化金额的确定
  - 在资本化期间内，外币专门借款本金及其利息的汇兑差额应当予以资本化，计入符合资本化条件的资产的成本
  - 除外币专门借款之外的其他外币借款本金及其利息所产生的汇兑差额，应当作为财务费用计入当期损益

# 第十一章　或有事项

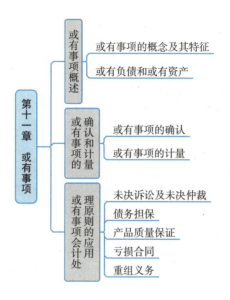

第十一章　或有事项

或有事项概述
- 或有事项的概念及其特征
- 或有负债和或有资产

确认和计量或有事项的
- 或有事项的确认
- 或有事项的计量

理原则的应用或有事项会计处
- 未决诉讼及未决仲裁
- 债务担保
- 产品质量保证
- 亏损合同
- 重组义务

或有事项概述

├─ 或有事项及其特征的概念
│  ├─ 概念：指过去的交易或者事项形成的，其结果须由某些未来事项的发生或不发生才能决定的不确定事项
│  └─ 特征
│     ├─ 或有事项是由过去的交易或者事项形成的
│     ├─ 或有事项的结果具有不确定性
│     └─ 或有事项的结果由未来事项决定
│
└─ 或有负债和或有资产
   ├─ 或有负债
   │  ├─ 潜在义务：结果取决于未来不确定事项的可能义务
   │  └─ 现时义务：企业在现行条件下已承担的义务，该现时义务的履行不是很可能导致经济利益流出企业，或者该现时义务的金额不能可靠地计量
   ├─ 或有资产：作为一种潜在资产，其结果具有较大的不确定性，只有通过某些未来不确定事项的发生或不发生才能证实其是否会形成企业真正的资产
   └─ 或有负债和或有资产转化为预计负债（负债）和资产
      ├─ 对或有负债相关义务进行评估、分析判断其是否符合确认为负债的条件。如符合，应将其确认为预计负债
      └─ 如果某一时点企业基本确定能够收到这项潜在资产并且其金额能够可靠计量，应当将其确认为企业的资产

或有事项的确认和计量

├─ 或有事项的确认
│  ├─ 形成的或有资产只有在企业基本确定能够收到的情况下，才能转变为真正的资产，应当予以确认
│  └─ 有关的义务在同时符合以下三个条件时，应当确认为预计负债
│     ├─ 该义务是企业承担的现时义务
│     ├─ 履行该义务很可能导致经济利益流出企业
│     └─ 该义务的金额能够可靠地计量
│
└─ 或有事项的计量
   ├─ 预计负债的计量
   │  ├─ 最佳估计数的确定
   │  │  ├─ 所需支出存在一个连续范围，且该范围内各种结果发生的可能性相同 —— 最佳估计数应当按照该范围内的中间值
   │  │  └─ 所需支出不存在一个连续范围，或者虽然存在一个连续范围，但该范围内各种结果发生的可能性不相同
   │  │     ├─ 如果或有事项仅涉及单个项目，最佳估计数按照最可能发生金额确定
   │  │     └─ 如果或有事项涉及多个项目，最佳估计数按照各种可能结果及相关概率加权计算确定
   │  ├─ 需要考虑的其他因素
   │  │  ├─ 风险和不确定性
   │  │  ├─ 货币时间价值
   │  │  └─ 未来事项
   │  └─ 资产负债表日对预计负债账面价值的复核：有确凿证据表明该账面价值不能真实反映当前最佳估计数的，应当按照当前最佳估计数对该账面价值进行调整
   └─ 预期可获得补偿的处理
      ├─ 该补偿金额只有在基本确定能够收到时，才能作为资产单独确认
      └─ 确认的补偿金额不能超过所确认负债的账面价值

或有事项会计处理原则的应用

├─ 未决诉讼及未决仲裁：可能形成一项或有负债或者预计负债；也可能形成一项或有资产
│
└─ 债务担保
   ├─ 企业已被判决败诉，则应当按照人民法院判决的应承担的损失金额，确认为预计负债，并计入当期营业外支出
   ├─ 已判决败诉，但企业正在上诉，或者经上一级人民法院裁定暂缓执行，或者由上一级人民法院发回重审等，企业应当在资产负债表日，根据已有判决结果合理估计可能产生的损失金额，确认为预计负债，并计入当期营业外支出
   └─ 人民法院尚未判决的，企业应向其律师或法律顾问等咨询，估计败诉的可能性，以及败诉后可能发生的损失金额，并取得有关书面意见。如果败诉的可能性大于胜诉的可能性，并且损失金额能够合理估计的，应当在资产负债表日将预计担保损失金额确认为预计负债，并计入当期营业外支出

或有事项会计处理原则的应用

- 产品质量保证
  - 按照权责发生制的要求，相关支出符合确认条件就应在收入实现时确认相关预计负债

- 亏损合同
  - 亏损合同产生的义务满足预计负债确认条件的，应当确认为预计负债
  - 预计负债的计量应当反映退出该合同的最低净成本，即履行该合同的成本与未能履行该合同而发生的补偿或处罚两者之中的较低者

- 重组义务
  - 应当按照与重组有关的直接支出确定预计负债金额，计入当期损益

# 第十二章　收入

第十二章 收入

- 收入概述
  - 收入的概念
  - 关于收入确认的原则

- 收入的确认和计量
  - 识别与客户订立的合同
  - 识别合同中的单项履约义务
  - 确定交易价格
  - 将交易价格分摊至各单项履约义务
  - 履行每一单项履约义务时确认收入

- 合同成本
  - 合同履约成本
  - 合同取得成本
  - 合同履约成本和合同取得成本的摊销和减值

- 关于特定交易的会计处理
  - 附有销售退回条款的销售
  - 附有质量保证条款的销售
  - 主要责任人和代理人
  - 附有客户额外购买选择权的销售
  - 授予知识产权许可
  - 售后回购
  - 客户未行使的权利
  - 无需退回的初始费

收入概述
　├ 收入的概念 —— 指企业在日常活动中形成的、会导致所有者权益增加的、与所有者投入资本无关的经济利益的总流入
　└ 关于收入确认的原则
　　　├ 确认收入的方式应当反映其向客户转让商品的模式
　　　├ 收入的金额应当反映企业因转让商品而预期有权收取的对价金额
　　　└ 企业应当在履行了合同中的履约义务，即在客户取得相关商品控制权时确认收入

收入的确认和计量
　├ 识别与客户订立的合同 —— 同时满足下列五项条件的，企业应当在履行了合同中的履约义务时确认收入
　　　├ 合同各方已批准该合同并承诺将履行各自义务
　　　├ 该合同明确了合同各方与所转让商品相关的权利和义务
　　　├ 该合同有明确的与所转让商品相关的支付条款
　　　├ 该合同具有商业实质，即履行该合同将改变企业未来现金流量的风险、时间分布或金额
　　　└ 企业因向客户转让商品而有权取得的对价很可能收回
　├ 识别合同中的单项履约义务
　　　├ 企业向客户转让可明确区分商品（或者商品或服务的组合）的承诺
　　　└ 一系列实质相同且转让模式相同的、可明确区分的商品
　├ 确定交易价格
　　　├ 可变对价
　　　│　├ 应当按照期望值或最可能发生金额确定可变对价的最佳估计数
　　　│　└ 可变对价的交易价格，应当不超过在相关不确定性消除时累计已确认的收入极可能不会发生重大转回的金额
　　　├ 合同中存在的重大融资成分 —— 应当按照假定客户在取得商品控制权时即以现金支付的应付金额（即现销价格）确定交易价格
　　　├ 非现金对价
　　　│　├ 应当按照非现金对价在合同开始日的公允价值确定交易价格
　　　│　└ 非现金对价公允价值不能合理估计的，企业应当参照其承诺向客户转让商品的单独售价间接确定交易价格
　　　└ 应付客户对价 —— 应当将该应付对价冲减交易价格，并在确认相关收入与支付（或承诺支付）客户对价二者孰晚的时点冲减当期收入
　├ 将交易价格分摊至各单项履约义务
　　　├ 合同中包含两项或多项履约义务的，企业应当在合同开始日，按照各单项履约义务所承诺商品的单独售价的相对比例，将交易价格分摊至各单项履约义务
　　　└ 单独售价无法直接观察的，企业应当综合考虑其能够合理取得的全部相关信息，采用市场调整法、成本加成法、余值法等方法合理估计单独售价
　└ 履行每一单项履约义务时确认收入
　　　├ 在某一时段内履行的履约义务 —— 满足下列条件之一的，属于在某一时段内履行的履约义务
　　　│　├ 客户在企业履约的同时即取得并消耗企业履约所带来的经济利益
　　　│　├ 客户能够控制企业履约过程中在建的商品
　　　│　├ 企业履约过程中所产出的商品具有不可替代用途，且企业在整个合同期间内有权就累计至今已完成的履约部分收取款项
　　　│　└ 企业应当在该段时间内按照履约进度确认收入，但是，履约进度不能合理确定的除外
　　　└ 在某一时点履行的履约义务 —— 应当在客户取得相关商品控制权时点确认收入

合同成本
- 合同履约成本
  - 不属于其他准则范围且同时满足下列条件的，应当作为合同履约成本确认为一项资产
    - 该成本与一份当前或预期取得的合同直接相关
    - 该成本增加了企业未来用于履行（或持续履行）履约义务的资源
    - 该成本预期能够收回
- 合同取得成本
  - 企业为取得合同发生的增量成本预期能够收回的，应当作为合同取得成本确认为一项资产
  - 企业为取得合同发生的、除预期能够收回的增量成本之外的其他支出，应当在发生时计入当期损益，除非这些支出明确由客户承担
- 合同履约成本和合同取得成本的摊销和减值
  - 摊销
    - 确认为企业资产的合同履约成本和合同取得成本，应当采用与该资产相关的商品收入确认相同的基础（即在履约义务履行的时点或按照履约义务的履约进度）进行摊销，计入当期损益
  - 减值
    - 与合同成本相关的资产，其账面价值高于下列第一项减去第二项的差额的，应按超出部分的金额计提减值准备，并确认为资产减值损失：一是企业因转让与该资产相关的商品预期能够取得的剩余对价；二是为转让该相关商品估计将要发生的成本

关于特定交易的会计处理
- 附有销售退回条款的销售
  - 在客户取得相关商品控制权时，按照因向客户转让商品而预期有权收取的对价金额（即不包含预期因销售退回将退还的金额）确认收入，按照预期因销售退回将退还的金额确认负债
  - 按照预期将退回商品转让时的账面价值，扣除收回该商品预计发生的成本（包括退回商品的价值减损）后的余额，确认一项资产，按照所转让商品转让时的账面价值，扣除上述资产成本的净额结转成本
  - 每一资产负债表日，企业应当重新估计未来销售退回情况，并对上述资产和负债进行重新计量。如有变化，应当作为会计估计变更进行会计处理
- 附有质量保证条款的销售
  - 作为单项履约义务的质量保证应当进行相应的会计处理，并将部分交易价格分摊至该项履约义务
  - 对于不能作为单项履约义务的质量保证，企业应当按照或有事项的相关规定进行会计处理
- 主要责任人和代理人
  - 均应当在履约义务履行时确认收入
    - 企业为主要责任人的，应当按照其自行向客户提供商品而有权收取的对价总额确认收入
    - 企业为代理人的，按照既定的佣金金额或比例计算的金额确认收入，或者按照已收或应收对价总额扣除应支付给提供该特定商品的第三方的价款后的净额确认收入
- 附有客户额外购买选择权的销售
  - 应当评估该选择权是否向客户提供了一项重大权利
  - 对于该项重大权利，企业应当将其与原购买的商品单独区分，作为单项履约义务，按照各单项履约义务的单独售价的相对比例，将交易价格分摊至各单项履约义务

关于特定交易的会计处理

**授予知识产权许可**
- 应当评估该知识产权许可是否构成单项履约义务
- 不构成单项履约义务的，企业应当将该知识产权许可和所售商品一起作为单项履约义务进行会计处理
- 构成单项履约义务的，判断属于在某一时段履行的履约义务还是属于在某一时点履行的履约义务，再进行会计处理

**售后回购**

企业因存在与客户的远期安排而负有回购义务或企业享有回购权利的
- 回购价格低于原售价的，应当视为租赁交易进行会计处理
- 回购价格不低于原售价的，应当视为融资交易，应当在收到客户款项时确认金融负债，而不是终止确认该商品，并将该款项和回购价格的差额在回购期间内确认为利息费用等

企业应客户要求回购商品的
- 客户具有行使该要求权的重大经济动因：应当将回购价格与原售价进行比较，并按照"企业因存在与客户的远期安排而负有回购义务或企业享有回购权利的"情形下的原则将该售后回购作为租赁交易或融资交易进行相应的会计处理
- 客户不具有行使该要求权的重大经济动因：应当将该售后回购作为附有销售退回条款的销售交易进行相应的会计处理

**客户未行使的权利**
- 企业预期将有权获得与客户所放弃的合同权利相关的金额的，应当按照客户行使合同权利的模式按比例将上述金额确认为收入
- 否则，企业只有在客户要求其履行剩余履约义务的可能性极低时，才能将相关负债余额转为收入

**无需退回的初始费**
- 该初始费与向客户转让已承诺的商品相关，且转让该商品构成单项履约义务的，企业应当在转让该商品时，按照分摊至该商品的交易价格确认收入
- 该初始费与客户转让已承诺的商品相关，但转让该商品不构成单项履约义务的，企业应当在包含该商品的单项履约义务履行时，按照分摊至该单项履约义务的交易价格确认收入
- 该初始费与向客户转让已承诺的商品不相关的，该初始费应当作为未来将转让商品的预收款，在未来转让该商品时确认为收入

# 第十三章　政府补助

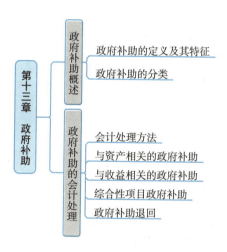

政府补助概述
- 政府补助的定义及其特征
  - 定义：指企业从政府无偿取得货币性资产或非货币性资产。主要形式包括政府对企业的无偿拨款、税收返还、财政贴息，以及无偿给予非货币性资产等
  - 特征
    - 来源于政府的经济资源
    - 是无偿的
- 政府补助的分类
  - 与资产相关的政府补助：指企业取得的、用于购建或以其他方式形成长期资产的政府补助
  - 与收益相关的政府补助：指除与资产相关的政府补助之外的政府补助，主要是用于补偿企业已发生或即将发生的相关成本费用或损失，受益期相对较短

政府补助的会计处理
- 会计处理方法
  - 总额法：在确认政府补助时将其全额确认为收益，而不是作为相关资产账面价值或者费用的扣减
  - 净额法：将政府补助确认为对相关资产账面价值或者所补偿费用的扣减
- 与资产相关的政府补助
  - 总额法下会计处理
    - 按照补助资金的金额：
      借：银行存款等
      贷：递延收益
    - 在相关资产使用寿命内按合理、系统的方法分期计入损益
  - 净额法下会计处理
    - 按照补助资金的金额冲减相关资产的账面价值，企业按照扣减了政府补助后的资产价值对相关资产计提折旧或进行摊销
- 与收益相关的政府补助
  - 总额法下会计处理：计入其他收益或营业外收入
  - 净额法下会计处理：冲减相关成本费用或营业外支出
  - 与收益相关的政府补助如果用于补偿企业以后期间的相关成本费用或损失，企业应当将其确认为递延收益，并在确认相关费用或损失的期间，计入当期损益或冲减相关成本
  - 与收益相关的政府补助如果用于补偿企业已发生的相关成本费用或损失，企业应当将其直接计入当期损益或冲减相关成本费用
- 综合性项目政府补助
  - 同时包含与资产相关部分和与收益相关部分的政府补助，企业应当将其进行分解，区分不同部分分别进行会计处理
  - 难以区分的，企业应当将其整体归类为与收益相关的政府补助进行会计处理
- 政府补助退回
  - 初始确认时冲减相关资产账面价值的，调整资产账面价值
  - 存在相关递延收益的，冲减相关递延收益账面余额，超出部分计入当期损益
  - 属于其他情况的，直接计入当期损益
  - 属于前期差错的政府补助退回，应当按照前期差错更正进行追溯调整

# 第十四章  非货币性资产交换

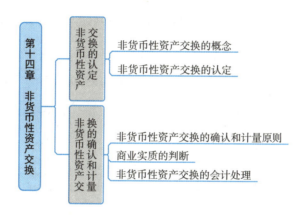

第十四章 非货币性资产交换

非货币性资产交换的认定
- 非货币性资产交换的概念
- 非货币性资产交换的认定

非货币性资产交换的确认和计量
- 非货币性资产交换的确认和计量原则
- 商业实质的判断
- 非货币性资产交换的会计处理

非货币性资产交换的认定

　非货币性资产　交换的概念：是一种非经常性的特殊交易行为，是企业主要以固定资产、无形资产、投资性房地产和长期股权投资等非货币性资产进行的交换。该交换不涉及或只涉及少量的货币性资产（即补价）

　非货币性资产　交换的认定：
- 支付的货币性资产/换入资产公允价值（或换出资产公允价值+支付的货币性资产）＜25%
- 收到的货币性资产/换出资产公允价值（或换入资产公允价值+收到的货币性资产）＜25%

非货币性资产交换的确认和计量

非货币性资产交换的确认和计量原则

　　确认原则
- 换入资产（视为购买取得资产）应当在其符合资产定义并满足资产确认条件时予以确认
- 换出资产（视为销售或处置资产）应当在其满足资产终止确认条件时终止确认

　　计量原则
- 以公允价值为基础计量同时满足以下两个条件
  - 该项交换具有商业实质
  - 换入资产或换出资产的公允价值能够可靠地计量
- 不满足公允价值计量条件的，应当以账面价值为基础计量

商业实质的判断

　满足下列条件之一
- 换入资产的未来现金流量在风险、时间分布或金额方面与换出资产显著不同
- 使用换入资产所产生的预计未来现金流量现值与继续使用换出资产所产生的预计未来现金流量现值不同，且其差额与换入资产和换出资产的公允价值相比是重大的

非货币性资产交换的会计处理

- 以公允价值为基础计量的非货币性资产交换的会计处理：以换出资产的公允价值和应支付的相关税费作为换入资产的成本进行初始计量，换入资产公允价值与换出资产账面价值的差额计入当期损益
- 以账面价值为基础计量的非货币性资产交换的会计处理：以换出资产的账面价值和应支付的相关税费作为换入资产的初始计量金额；无论是否支付补价，在终止确认换出资产时均不确认损益

# 第十五章 债务重组

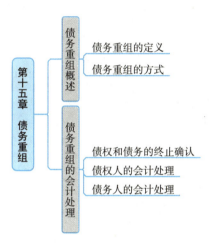

第十五章 债务重组
- 债务重组概述
  - 债务重组的定义
  - 债务重组的方式
- 债务重组的会计处理
  - 债权和债务的终止确认
  - 债权人的会计处理
  - 债务人的会计处理

债务重组概述
- 债务重组的定义
  - 债务重组的定义：指在不改变交易对手方的情况下，经债权人和债务人协定或法院裁定，就清偿债务的时间、金额或方式等重新达成协议的交易
- 债务重组的方式
  - 债务人以资产清偿债务
  - 将债务转为权益工具
  - 修改其他条款
  - 组合方式

债务重组的会计处理
- 债权和债务的终止确认
  - 债权人在收取债权现金流量的合同权利终止时终止确认债权
    - 对于终止确认的债权，债权人应当结转已计提的减值准备中对应该债权终止确认部分的金额
    - 对于终止确认的分类为以公允价值计量且其变动计入其他综合收益的债权，之前计入其他综合收益的累计利得或损失应当从其他综合收益中转出，记入"投资收益"科目
  - 债务人在债务的现时义务解除时终止确认债务
- 债权人的会计处理
  - 以资产清偿债务或将债务转为权益工具
    - 债权人受让金融资产
      - 金融资产初始确认时应当以其公允价值计量，借记"库存现金""银行存款""交易性金融资产""债权投资""其他债权投资""其他权益工具投资"等科目，转销债权账面价值，借记"坏账准备"等科目，贷记"应收账款"等科目，金融资产确认金额与债权终止确认日账面价值之间的差额，借记或贷记"投资收益"科目
    - 债权人受让非金融资产
      - 借记"原材料""长期股权投资""投资性房地产""固定资产""生物资产""无形资产"等科目，转销债权账面价值，借记"坏账准备"等科目，贷记"应收账款"等科目，放弃债权的公允价值与账面价值之间的差额，借记或贷记"投资收益"科目
    - 债权人受让多项资产
      - 按照当日公允价值计量，放弃债权的公允价值与账面价值之间的差额，借记或贷记"投资收益"科目
    - 债权人受让处置组
      - 先对处置组中的金融资产和负债进行初始计量，然后按照金融资产以外的各项资产在债务重组合同生效日的公允价值比例，对放弃债权在合同生效日的公允价值以及承担的处置组中负债的确认金额之和，扣除受让金融资产当日公允价值后的净额进行分配，并以此为基础分别确定各项资产的成本
    - 债权人将受让的资产或处置组划分为持有待售类别
      - 初始计量时，比较假定其不划分为持有待售类别情况下的初始计量金额和公允价值减去出售费用后的净额，以两者孰低计量
  - 修改其他条款
    - 如果修改其他条款导致全部债权终止确认，债权人应当按照修改后的条款以公允价值初始计量重组债权
    - 如果修改其他条款未导致债权终止确认，债权人应当根据其分类，继续以摊余成本、以公允价值计量且其变动计入其他综合收益，或者以公允价值计量且其变动计入当期损益进行后续计量
  - 组合方式
    - 应当按照修改后的条款，以公允价值初始计量重组债权和受让的新金融资产，按照受让的金融资产以外的各项资产在债务重组合同生效日的公允价值比例，对放弃债权在合同生效日的公允价值扣除重组债权和受让金融资产当日公允价值后的净额进行分配，并以此为基础分别确定各项资产的成本。放弃债权的公允价值与账面价值之间的差额，记入"投资收益"科目

```
                                        债务人以资产清偿债务    应当将所清偿债务账面价值与转让资产账面价值之间的差额计入当
                                                             期损益

            债务重组的会计处理    债务人的会计处理    债务人将债务     初始确认权益工具时，应当按照权益工具的公允价值计量，权益工具的公允
                                        转为权益工具     价值不能可靠计量的，应当按照所清偿债务的公允价值计量

                                        修改其      如果修改其他条款导致债务终止确认，债务人应当按照公允价值计量重组债务
                                        他条款     如果修改其他条款未导致债务终止确认，或者仅导致部分债务终止确认，对于未终
                                                  止确认的部分债务，债务人应当根据其分类以适当方法进行后续计量

                                        组合      在初始确认时按照权益工具的公允价值计量，权益工具的公允价值不能可靠计量的，
                                        方式      应当按照所清偿债务的公允价值计量
```

# 第十六章 所得税

```
第十六章 所得税
├─ 计税基础与暂时性差异
│   ├─ 所得税核算的基本原理和程序
│   ├─ 资产的计税基础
│   ├─ 负债的计税基础
│   └─ 暂时性差异
├─ 递延所得税资产和递延所得税负债的确认与计量
│   ├─ 递延所得税负债的确认和计量
│   ├─ 递延所得税资产的确认和计量
│   ├─ 特定交易或事项涉及递延所得税的确认
│   └─ 所得税税率变化对递延所得税资产和递延所得税负债的影响
└─ 所得税费用的确认和计量
    ├─ 当期所得税
    ├─ 递延所得税费用（或收益）
    ├─ 所得税费用的计算与列报
    └─ 合并财务报表中因抵销未实现内部交易损益产生的递延所得税
```

计税基础与暂时性差异

├─ 所得税核算的基本原理和程序

│　├─ 基本原理：采用资产负债表债务法核算所得税

│　└─ 程序

│　　├─ 按照会计准则规定确定资产负债表中除递延所得税资产和递延所得税负债以外的其他资产和负债项目的账面价值

│　　├─ 按照会计准则中对于资产和负债计税基础的确定方法，以适用的税法规定为基础，确定资产负债表中有关资产、负债项目的计税基础

│　　├─ 比较资产、负债的账面价值与其计税基础，对于两者之间存在差异的，分析其性质，除会计准则中规定的特殊情况外，分别应纳税暂时性差异与可抵扣暂时性差异，确定该资产负债表日递延所得税负债和递延所得税资产的应有金额，并与期初递延所得税资产和递延所得税负债的余额相比，确定当期应予进一步确认的递延所得税资产和递延所得税负债金额或应予转销的金额，作为构成利润表中所得税费用的递延所得税费用（或收益）

│　　├─ 按照适用的税法规定计算确定当期应纳税所得额，将应纳税所得额与适用的所得税税率计算的结果确认为当期应交所得税，作为利润表中应予确认的所得税费用中的当期所得税部分

│　　└─ 确定利润表中的所得税费用。利润表中的所得税费用包括当期所得税和递延所得税两个组成部分

├─ 资产的计税基础：指在企业收回资产账面价值过程中，计算应纳税所得额时按照税法规定可以自应税经济利益中抵扣的金额，即某一项资产在未来期间计税时可以税前扣除的金额

│　├─ 资产在初始确认时，其计税基础一般为取得成本

│　└─ 持续持有的过程中，可在未来期间税前扣除的金额是指资产的取得成本减去以前期间按照税法规定已经税前扣除的金额后的余额

├─ 负债的计税基础：指负债的账面价值减去未来期间计算应纳税所得额时按照税法规定可予抵扣的金额

│　└─ 负债的确认与偿还一般不会影响企业未来期间的损益，也不会影响其未来期间的应纳税所得额，因此未来期间计算应纳税所得额时按照税法规定可予抵扣的金额为0，计税基础即为账面价值

└─ 暂时性差异

　　├─ 应纳税暂时性差异，产生情况

　　│　├─ 资产的账面价值大于其计税基础

　　│　└─ 负债的账面价值小于其计税基础

　　└─ 可抵扣暂时性差异，产生情况

　　　　├─ 资产的账面价值小于其计税基础

　　　　└─ 负债的账面价值大于其计税基础

递延所得税负债和递延所得税资产的确认与计量

└─ 递延所得税负债的确认和计量

　　├─ 递延所得税负债的确认原则

　　│　├─ 除会计准则中明确规定可不确认递延所得税负债的情况以外，企业对于所有的应纳税暂时性差异均应确认相关的递延所得税负债

　　│　└─ 不确认递延所得税负债的特殊情况

　　│　　├─ 商誉的初始确认

　　│　　└─ 除企业合并以外的其他交易或事项中，如果该项交易或事项发生时既不影响会计利润，也不影响应纳税所得额，则所产生的资产、负债的初始确认金额与其计税基础不同，形成应纳税暂时性差异的，交易或事项发生时不确认相应的递延所得税负债

　　└─ 递延所得税负债的计量：应以相关应纳税暂时性差异转回期间适用的所得税税率计量

递延所得税负债和递延所得税资产的确认与计量

递延所得税资产的确认和计量

递延所得税资产的确认原则

产生的可抵扣暂时性差异的，在估计未来期间能够取得足够的应纳税所得额用以利用该可抵扣暂时性差异时，应当以很可能取得用来抵扣可抵扣暂时性差异的应纳税所得额为限，确认相关的递延所得税资产

递延所得税资产的确认应以未来期间可能取得的应纳税所得额为限

对于按照税法规定可以结转以后年度的未弥补亏损和税款抵减，应视同可抵扣暂时性差异处理

不确认递延所得税资产的特殊情况

某些情况下，如果企业发生的某项交易或事项不是企业合并，并且交易发生时既不影响会计利润也不影响应纳税所得额，且该项交易中产生的资产、负债的初始确认金额与其计税基础不同，产生可抵扣暂时性差异的，会计准则规定在交易或事项发生时不确认相关的递延所得税资产

递延所得税资产的计量

适用税率的确定：采用转回期间适用的所得税税率为基础计算确定

递延所得税资产的减值：资产负债表日进行复核。如果未来期间很可能无法取得足够的应纳税所得额用以利用递延所得税资产的利益，应当减记递延所得税资产的账面价值

特定交易或事项涉及的递延所得税的确认

与当期及以前期间直接计入所有者权益的交易或事项相关的当期所得税及递延所得税应当计入所有者权益

适用所得税税率变化对递延所得税资产和递延所得税负债的影响

某一会计期间适用的所得税税率发生变化的，应对已确认的递延所得税资产和递延所得税负债进行重新计量

所得税费用的确认和计量

当期所得税

应纳税所得额=会计利润+纳税调整增加额–纳税调整减少额+境外应税所得弥补境内亏损–弥补以前年度亏损

当期所得税=当期应交所得税=应纳税所得额×适用税率–减免税额–抵免税额

递延所得税费用（或收益）

递延所得税费用（或收益）=当期递延所得税负债的增加+当期递延所得税资产的减少–当期递延所得税负债的减少–当期递延所得税资产的增加

所得税费用的计算与列报

所得税费用=当期所得税+递延所得税费用（或收益）

合并财务报表中因抵销未实现内部交易损益产生的递延所得税

企业在编制合并财务报表时，因抵销未实现内部销售损益导致合并资产负债表中资产、负债的账面价值与其纳入合并范围的企业按照适用税法规定确定的计税基础之间产生暂时性差异的，在合并资产负债表中应当确认递延所得税资产或递延所得税负债，同时调整合并利润表中的所得税费用，但与直接计入所有者权益的交易或事项及企业合并相关的递延所得税除外

# 第十七章　外币折算

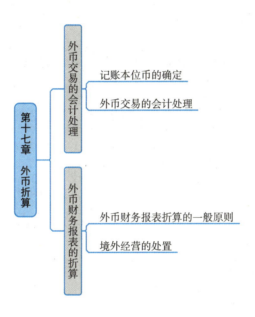

第十七章 外币折算

外币交易的会计处理
- 记账本位币的确定
- 外币交易的会计处理

外币财务报表的折算
- 外币财务报表折算的一般原则
- 境外经营的处置

外币交易的会计处理

- 记账本位币的确定
  - 通常应选择人民币作为记账本位币
  - 业务收支以人民币以外的货币为主的企业，可以按规定选定其中一种货币作为记账本位币，但是编报的财务会计报告应当折算为人民币
  - 考虑因素
    - 该货币主要影响商品和劳务的销售价格，通常以该货币进行商品和劳务的计价和结算
    - 该货币主要影响商品和劳务所需人工、材料和其他费用，通常以该货币进行上述费用的计价和结算
    - 融资活动获得的货币以及保存从经营活动中收取的款项所使用的货币
  - 变更要求：记账本位币一经确定，不得随意变更，除非与确定记账本位币相关的企业经营所处的主要经济环境发生重大变化
- 外币交易的会计处理
  - 外币交易发生日的会计处理
    - 应采用交易发生日的即期汇率或即期汇率的近似汇率将外币金额折算为记账本位币金额
    - 按照折算后的记账本位币金额登记有关记账本位币账户；同时，按照外币金额登记相应的外币账户
  - 资产负债表日或结算日的会计处理
    - 外币货币性项目
      - 应当采用资产负债表日或结算当日即期汇率折算外币货币性项目，因当日即期汇率与初始确认时或者前一资产负债表日即期汇率不同而产生的汇兑差额，作为财务费用处理，同时调增或调减外币货币性项目的记账本位币金额
    - 外币非货币性项目
      - 对于以历史成本计量的外币非货币性项目，已在交易发生日按当日即期汇率折算，资产负债表日不应改变其原记账本位币金额，不产生汇兑差额
      - 对于以成本与可变现净值孰低计量的存货，在以外币购入存货并且该存货在资产负债表日的可变现净值以外币反映的情况下，确定资产负债表日存货价值时应当考虑汇率变动的影响
      - 对于以公允价值计量的外币非货币性项目，期末公允价值以外币反映的，应当先将该外币金额按照公允价值确定当日的即期汇率折算为记账本位币金额，再与原记账本位币金额进行比较

外币财务报表的折算

- 外币财务报表折算的一般原则
  - 境外经营财务报表的折算
    - 资产负债表中的资产和负债项目，采用资产负债表日的即期汇率折算，所有者权益项目除"未分配利润"项目外，其他项目采用发生时的即期汇率折算
    - 利润表中的收入和费用项目，采用交易发生日的即期汇率折算；也可以采用按照系统合理的方法确定的、与交易发生日的即期汇率近似的汇率折算
    - 产生的外币财务报表折算差额，在资产负债表中所有者权益项目下"其他综合收益"项目列示
    - 前提：对企业境外经营财务报表进行折算前，应当调整境外经营的会计期间和会计政策，使之与企业会计期间和会计政策相一致
  - 包含境外经营的合并财务报表编制的特别处理
    - 境外经营为其子公司的情况
      - 企业在编制合并财务报表时，对于境外经营财务报表折算差额，需要在母公司与子公司少数股东之间按照各自在境外经营所有者权益中所享有的份额进行分摊，其中归属于母公司应分担的部分在合并资产负债表和合并所有者权益变动表中所有者权益项目下的"其他综合收益"项目列示，属于子公司少数股东应分担的部分应并入"少数股东权益"项目列示
    - 存在实质上构成对子公司（境外经营）净投资的外币货币性项目
      - 实质上构成对子公司净投资的外币货币性项目以母公司或子公司的记账本位币反映的，应在抵销长期应收应付项目的同时，将其产生的汇兑差额转入"其他综合收益"项目
      - 实质上构成对子公司净投资的外币货币性项目以母、子公司的记账本位币以外的货币反映的，应将母、子公司此项外币货币性项目产生的汇兑差额相互抵销，差额转入"其他综合收益"项目
- 境外经营的处置
  - 企业在处置境外经营时，应当将资产负债表所有者权益项目中与该境外经营相关的外币财务报表折算差额，转入处置当期损益
  - 部分处置境外经营的，应当按处置的比例计算处置部分对应的外币财务报表折算差额，转入处置当期损益

# 第十八章　租赁

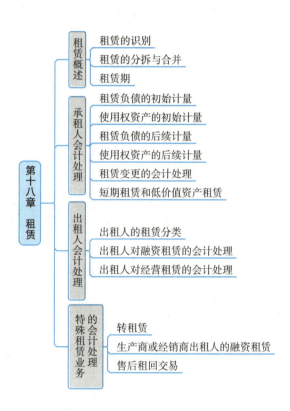

第十八章
租赁

- 租赁概述
  - 租赁的识别
  - 租赁的分拆与合并
  - 租赁期

- 承租人会计处理
  - 租赁负债的初始计量
  - 使用权资产的初始计量
  - 租赁负债的后续计量
  - 使用权资产的后续计量
  - 租赁变更的会计处理
  - 短期租赁和低价值资产租赁

- 出租人会计处理
  - 出租人的租赁分类
  - 出租人对融资租赁的会计处理
  - 出租人对经营租赁的会计处理

- 特殊租赁业务的会计处理
  - 转租赁
  - 生产商或经销商出租人的融资租赁
  - 售后租回交易

## 租赁概述

### 租赁的识别

**定义**：指在一定期间内，出租人将资产的使用权让与承租人以获取对价的合同。如果合同一方让渡了在一定期间内控制一项或多项已识别资产使用的权利以换取对价，则该合同为租赁或者包含租赁

**包含要素**
- 存在一定期间
- 存在已识别资产：已识别资产通常由合同明确指定，也可以在资产可供客户使用时隐性指定
- 资产供应方向客户转移对已识别资产使用权的控制：为确定合同是否让渡了在一定期间内控制已识别资产使用的权利，企业应当评估客户是否有权获得在使用期间因使用已识别资产所产生的几乎全部经济利益，并有权在该使用期间主导已识别资产的使用

### 租赁的分拆与合并

**租赁的分拆**：承租人和出租人应当将合同中租赁和非租赁部分进行分拆，除非承租人按照新租赁准则的规定选择采用简化处理

**租赁的合并**：满足下列条件之一时，应当将多份合同合并为一份合同进行会计处理
- 该两份或多份合同基于总体商业目的而订立并构成"一揽子"交易，若不作为整体考虑则无法理解其总体商业目的
- 该两份或多份合同中的某份合同的对价金额取决于其他合同的定价或履行情况
- 该两份或多份合同让渡的资产使用权合起来构成一项单独租赁

### 租赁期

- **租赁期开始日**：指出租人提供租赁资产使其可供承租人使用的起始日期
- **不可撤销期间**：在确定租赁期和评估不可撤销租赁期间时，企业应根据租赁条款约定确定可强制执行合同的期间
- **续租选择权和终止租赁选择权**：在评估时，企业应当考虑对承租人行使续租选择权或不行使终止租赁选择权带来经济利益的所有相关事实和情况
- **对租赁期和购买选择权的重新评估**：发生承租人可控范围内的重大事件或变化，且影响承租人是否合理确定将行使相应选择权的，承租人应当对其是否合理确定将行使续租选择权、购买选择权或不行使终止租赁选择权进行重新评估

## 承租人会计处理

### 租赁负债的初始计量

**租赁付款额包括内容**
- 固定付款额及实质固定付款额，存在租赁激励的，扣除租赁激励相关金额
- 取决于指数或比率的可变租赁付款额
- 购买选择权的行权价格，前提是承租人合理确定将行使该选择权
- 行使终止租赁选择权需支付的款项，前提是租赁期反映出承租人将行使终止租赁选择权
- 根据承租人提供的担保余值预计应支付的款项

**折现率**
- 应当采用租赁内含利率作为折现率
- 无法确定租赁内含利率的，应当采用承租人增量借款利率作为折现率

### 使用权资产的初始计量

**按照成本计量，包含以下四项**
- 租赁负债的初始计量金额
- 在租赁期开始日或之前支付的租赁付款额；存在租赁激励的，应扣除已享受的租赁激励相关金额
- 承租人发生的初始直接费用
- 承租人为拆卸及移除租赁资产、复原租赁资产所在地或将租赁资产恢复至租赁条款约定状态预计将发生的成本

承租人会计处理
- 租赁负债的后续计量
  - 计量基础
    - 确认租赁负债的利息时，增加租赁负债的账面金额
    - 支付租赁付款额时，减少租赁负债的账面金额
    - 因重估或租赁变更等原因导致租赁付款额发生变动时，重新计量租赁负债的账面价值
  - 租赁负债重新计量情形
    - 实质固定付款额发生变动
    - 担保余值预计的应付金额发生变动
    - 用于确定租赁付款额的指数或比率发生变动
    - 购买选择权、续租选择权或终止租赁选择权的评估结果或实际行使情况发生变化
  - 使用权资产的账面价值已调减至零，但租赁负债仍需进一步调减的，承租人应当将剩余金额计入当期损益
- 使用权资产的后续计量
  - 计量基础：采用成本模式，即：账面价值=成本-累计折旧-累计减值损失
  - 使用权资产的折旧：计提的折旧金额应根据使用权资产的用途，计入相关资产的成本或者当期损益
  - 使用权资产的减值：一旦计提，不得转回
- 租赁变更的会计处理
  - 租赁变更作为一项单独租赁处理，须租赁发生变更且同时符合下列两个条件
    - 该租赁变更通过增加一项或多项租赁资产的使用权而扩大了租赁范围
    - 增加的对价与租赁范围扩大部分的单独价格按该合同情况调整后的金额相当
  - 租赁变更未作为一项单独租赁处理
    - 在租赁变更生效日，承租人应当按照新租赁准则有关租赁分拆的规定对变更后合同的对价进行分摊，按照有关租赁期的规定确定变更后的租赁期，并采用变更后的折现率对变更后的租赁付款额进行折现，以重新计量租赁负债
- 短期租赁和低价值资产租赁
  - 可以选择不确认使用权资产和租赁负债，在租赁期内各个期间按照直线法或其他系统合理的方法计入相关资产成本或当期损益

出租人会计处理
- 出租人的租赁分类
  - 融资租赁：实质上转移了与租赁资产所有权有关的几乎全部风险和报酬的租赁
    - 存在情形
      - 在租赁期届满时，租赁资产的所有权转移给承租人
      - 承租人有购买租赁资产的选择权，所订立的购买价款预计将远低于行使选择权时租赁资产的公允价值，因而在租赁开始日就可以合理确定承租人将行使该选择权
      - 资产的所有权虽然不转移，但租赁期占租赁资产使用寿命的大部分
      - 在租赁开始日，租赁收款额的现值几乎相当于租赁资产的公允价值。实务中，此处的"几乎相当于"通常掌握在90%以上
  - 经营租赁
    - 租赁资产性质特殊，如果不作较大改造，只有承租人才能使用
    - 若承租人撤销租赁，撤销租赁对出租人造成的损失由承租人承担
    - 资产余值的公允价值波动所产生的利得或损失归属于承租人
    - 承租人有能力以远低于市场水平的租金继续租赁至下一期间。此经济激励政策与购买选择权类似，如果续租选择权行权价远低于市场水平，可以合理确定承租人将继续租赁至下一期间

出租人会计处理
- 出租人对融资租赁的会计处理
  - 初始计量
    - 确认应收融资租赁款，以租赁投资净额作为其入账价值
    - 终止确认融资租赁资产
    - 会计分录：
      借：应收融资租赁款——租赁收款额等
      　　贷：银行存款
      　　　　融资租赁资产
      　　　　资产处置损益
      　　　　应收融资租赁款——未实现融资收益等
  - 后续计量
    - 按照固定的周期性利率计算并确认租赁期内各个期间的利息收入
    - 会计分录：
      借：银行存款
      　　贷：应收融资租赁款——租赁收款额
      借：应收融资租赁款——未实现融资收益
      　　贷：租赁收入
- 出租人对经营租赁的会计处理
  - 租金的处理：在租赁期内，出租人应采用直线法或者其他系统合理的方法将经营租赁的租赁收款额确认为租金收入
  - 出租人对经营租赁提供激励措施
    - 出租人提供免租期的，出租人应将租金总额在不扣除免租期的整个租赁期内，按直线法或其他合理的方法进行分配，免租期内应当确认租金收入
    - 出租人承担了承租人某些费用的，出租人将该费用自租金收入总额中扣除，按扣除后的租金收入余额在租赁期内进行分配
  - 初始直接费用：当资本化至租赁标的资产的成本，在租赁期内按照与租金收入相同的确认基础分期计入当期损益
  - 折旧和减值：采用系统合理的方法进行摊销
  - 可变租赁付款额
    - 如果是与指数或比率挂钩的，应在租赁期开始日计入租赁收款额
    - 除此之外的其他可变租赁付款额，应当在实际发生时计入当期损益
  - 经营租赁的变更：出租人应自变更生效日开始，将其作为一项新的租赁进行会计处理，与变更前租赁有关的预收或应收租赁收款额视为新租赁的收款额

特殊租赁业务的会计处理
- 转租赁
  - 转租出租人对原租赁合同和转租赁合同应当分别根据承租人和出租人会计处理要求进行会计处理
  - 在对转租赁进行分类时，转租出租人应基于原租赁中产生的使用权资产，而不是租赁资产（如作为租赁对象的不动产或设备）进行分类
- 生产商或经销商出租人的融资租赁
  - 在租赁期开始日，生产商或经销商出租人应当按照租赁资产公允价值与租赁收款额按市场利率折现的现值两者孰低确认收入，并按照租赁资产账面价值扣除未担保余值的现值后的余额结转销售成本，收入和销售成本的差额作为销售损益
  - 由于取得融资租赁所发生的成本主要与生产商或经销商赚取的销售利得相关，生产商或经销商出租人应当在租赁期开始日将其计入损益
- 售后租回交易
  - 售后租回交易中的资产转让属于销售：卖方兼承租人应当按原资产账面价值中与租回获得的使用权有关的部分，计量售后租回所形成的使用权资产，并仅就转让至买方兼出租人的权利确认相关利得或损失
  - 售后租回交易中的资产转让不属于销售：卖方兼承租人不终止确认所转让的资产，而应当将收到的现金作为金融负债进行会计处理。买方兼出租人不确认被转让资产，而应当将支付的现金作为金融资产进行会计处理

# 第十九章  持有待售的非流动资产、处置组和终止经营

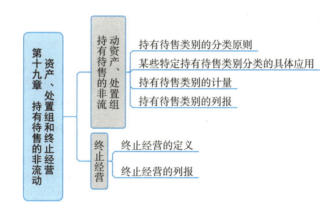

第十九章 资产、处置组和终止经营 持有待售的非流动

持有待售的非流动资产、处置组
- 持有待售类别的分类原则
- 某些特定持有待售类别分类的具体应用
- 持有待售类别的计量
- 持有待售类别的列报

终止经营
- 终止经营的定义
- 终止经营的列报

持有待售的非流动资产、处置组

持有待售类别的分类原则

企业主要通过出售而非持续使用一项非流动资产或处置组收回其账面价值的，应当将其划分为持有待售类别

划分为持有待售类别应同时满足2个条件

可立即出售，即根据类似交易中出售此类资产或处置组的惯例，在当前状况下即可立即出售

出售极可能发生，即企业已经就一项出售计划作出决议且获得确定的购买承诺，预计出售将在一年内完成

延长一年期限的例外条款

有些情况下，可能由于发生一些企业无法控制的原因导致出售未能在一年内完成，则已分类为持有待售的非流动资产或处置组可能需要进行重分类，也可能在满足特定条件后允许放松一年期限条件，继续划分为持有待售类别

某些特定分类的具体应用持有待售类

专为转售而取得的非流动资产或处置组

持有待售的长期股权投资

拟结束使用而非出售的非流动资产或处置组

持有待售类别的计量

划分为持有待售类别前的计量：应当按照相关会计准则规定计量非流动资产或处置组中各项资产和负债的账面价值

划分为持有待售类别时的计量：如果其账面价值低于其公允价值减去出售费用后的净额，企业不需要对账面价值进行调整；如果账面价值高于其公允价值减去出售费用后的净额，企业应当将账面价值减记至公允价值减去出售费用后的净额，减记的金额确认为资产减值损失，计入当期损益，同时计提持有待售资产减值准备

划分为持有待售类别后的计量

应当比较持有待售的处置组整体账面价值与公允价值减去出售费用后的净额，如果账面价值高于其公允价值减去出售费用后的净额，应当将账面价值减记至公允价值减去出售费用后的净额，减记的金额确认为资产减值损失，计入当期损益，同时计提持有待售资产减值准备

不再继续划分为持有待售类别的计量：按账面价值和可收回金额孰低计量

终止确认：应当将尚未确认的利得或损失计入当期损益

持有待售的列报类

持有待售资产和负债不应当相互抵销。"持有待售资产"和"持有待售负债"应当分别作为流动资产和流动负债列示

终止经营

终止经营的定义

终止经营应当是企业能够单独区分的组成部分

终止经营应当具有一定的规模

符合终止经营定义的组成部分应当属于以下两种情况之一

该组成部分在资产负债表日之前已经处置，包括已经出售和结束使用（如关停或报废等）

该组成部分在资产负债表日之前已经划分为持有待售类别

终止经营的列报

应当在利润表中分别列示持续经营损益和终止经营损益。不符合终止经营定义的持有待售的非流动资产或处置组所产生的下列相关损益，应当在利润表中作为持续经营损益列报

# 第二十章　企业合并

企业合并概述
- 企业合并的界定
- 企业合并的方式
- 企业合并类型的划分
- 业务的判断

第二十章　企业合并

同一控制下企业合并的会计处理
- 同一控制下企业合并的判断
- 同一控制下企业合并的会计处理原则
- 同一控制下控股合并的会计处理
- 同一控制下吸收合并的会计处理
- 合并方为进行企业合并发生的有关费用的处理

非同一控制下企业合并的会计处理
- 非同一控制下企业合并的会计处理原则
- 非同一控制下控股合并的会计处理
- 非同一控制下吸收合并的会计处理
- 通过多次交易分步实现的非同一控制下企业合并的会计处理
- 反向购买的会计处理
- 购买子公司少数股权的会计处理

企业合并概述
- 企业合并的界定
  - 被购买方是否构成业务：即，要形成会计意义上的"企业合并"，前提是被购买的资产或资产负债组合要形成"业务"
  - 交易发生前后是否涉及对标的业务控制权的转移
- 企业合并的方式
  - 控股合并
  - 吸收合并
  - 新设合并
- 企业合并类型的划分
  - 同一控制下的企业合并
  - 非同一控制下的企业合并
- 业务的判断
  - 根据企业合并准则的规定，涉及构成业务的合并应当比照企业合并准则规定处理

同一控制下企业合并的会计处理
- 同一控制下企业合并的判断
  - 4个判断要点
    - 能够对参与合并各方在合并前后均实施最终控制的一方通常指企业集团的母公司
    - 能够对参与合并的企业在合并前后均实施最终控制的相同多方，是指根据合同或协议的约定，拥有最终决定参与合并企业的财务和经营政策，并从中获取利益的投资者群体
    - 实施控制的时间性要求，是指参与合并各方在合并前后较长时间内为最终控制方所控制
    - 企业之间的合并是否属于同一控制下的企业合并，应综合构成企业合并交易的各方面情况，按照实质重于形式的原则进行判断
- 同一控制下企业合并的会计处理原则
  - 合并方在合并中确认取得的被合并方的资产、负债仅限于被合并方账面上原已确认的资产和负债，合并中不产生新的资产和负债
  - 合并方在合并中取得的被合并方各项资产、负债应维持其在被合并方的原账面价值不变
  - 合并方在合并中取得的净资产的入账价值与为进行企业合并支付的对价账面价值之间的差额，应当调整所有者权益相关项目，不计入企业合并当期损益
  - 对于同一控制下的控股合并，应视同合并后形成的报告主体自最终控制方开始实施控制时一直是一体化存续下来的，体现在其合并财务报表上，即由合并后形成的母子公司构成的报告主体，无论是其资产规模还是其经营成果都应持续计算
  - 在被合并方是最终控制方以前年度从第三方收购来的情况下，合并方编制财务报表时，应以被合并方的资产、负债（包括最终控制方收购被合并方而形成的商誉）在最终控制方财务报表中的账面价值为基础，进行相关会计处理

**同一控制下企业合并的会计处理**

- **同一控制下控股合并的会计处理**
  - 长期股权投资的确认和计量：合并方应以合并日应享有被合并方所有者权益在最终控制方合并财务报表中的账面价值的份额作为长期股权投资的初始投资成本；初始投资成本与支付的现金、转让的非现金资产及承担债务账面价值的差额，相应调整所有者权益
  - 合并日合并财务报表的编制：合并方一般应在合并日编制合并财务报表，反映于合并日形成的报告主体的财务状况、视同该主体一直存在产生的经营成果等
  - 通过多次交易分步实现的同一控制下企业合并：
    - 在个别财务报表中，应当以持股比例计算的合并日应享有被合并方所有者权益在最终控制方合并财务报表中的账面价值份额，作为该项投资的初始投资成本
    - 在合并财务报表中，应视同参与合并的各方在最终控制方开始控制时即以目前的状态存在进行调整
  - 同一控制下企业合并涉及的或有对价：在确认长期股权投资初始投资成本时，应按《企业会计准则第13号——或有事项》的规定，判断是否应就或有对价确认预计负债或者确认资产，以及应确认的金额

- **同一控制下吸收合并的会计处理**
  - 合并方对同一控制下吸收合并中取得的资产、负债应当按照相关资产、负债在被合并方的原账面价值入账
  - 合并差额，相应调整所有者权益

- **发生的有关费用的处理（合并方为进行企业合并）**
  - 应于发生时费用化，计入当期损益，借记"管理费用"等科目，贷记"银行存款"等科目
  - 以发行债券方式进行的企业合并，与发行债券相关的佣金、手续费等应按照《企业会计准则第22号——金融工具确认和计量》的规定处理
  - 发行权益性证券作为合并对价的，与所发行权益性证券相关的佣金、手续费等应按照《企业会计准则第37号——金融工具列报》的规定处理

**非同一控制下企业合并的会计处理**

- **非同一控制下企业合并的会计处理原则**
  - 确定购买方：
    - 非同一控制下的企业合并中，一般应考虑企业合并合同、协议以及其他相关因素来确定购买方
    - 在判断企业合并中的购买方时，应考虑所有相关的事实和情况，特别是企业合并后参与合并各方的相对投票权、合并后主体管理机构及高层管理人员的构成、权益互换的条款等
  - 确定购买日：基本原则是控制权转移的时点
  - 确定企业合并成本：
    - 包括购买方为进行企业合并支付的现金或非现金资产、发行或承担的债务、发行的权益性证券等在购买日的公允价值之和
    - 通过多次交易分步实现的企业合并，其企业合并成本为每一单项交易的成本之和
  - 企业合并成本在取得的可辨认资产和负债之间的分配
  - 企业合并成本与合并中取得的被购买方可辨认净资产公允价值份额之间差额的处理：
    - 企业合并成本大于合并中取得的被购买方可辨认净资产公允价值份额的差额，应确认为商誉
    - 企业合并成本小于合并中取得的被购买方可辨认净资产公允价值份额的差额，应计入合并当期损益
  - 企业合并成本或合并中取得的可辨认资产、负债公允价值的调整：合并中取得被购买方各项可辨认资产、负债的公允价值，如果在购买日或合并当期期末，因各种因素影响无法合理确定的，合并当期期末，购买方应以暂时确定的价值为基础进行核算
  - 购买日合并财务报表的编制：在合并资产负债表中，合并中取得的被购买方各项可辨认资产、负债应以其在购买日的公允价值计量，长期股权投资的成本大于合并中取得的被购买方可辨认净资产公允价值份额的差额，体现为合并财务报表中的商誉；长期股权投资的成本小于合并中取得的被购买方可辨认净资产公允价值份额的差额，计入合并当期损益，因购买日不需要编制合并利润表，该差额体现在合并资产负债表上，应调整合并资产负债表的盈余公积和未分配利润

非同一控制下企业合并的会计处理
- 非同一控制下控股合并的会计处理
  - 购买方取得对被购买方控制权的，在购买日应当按照确定的企业合并成本（不包括应自被投资企业收取的现金股利或利润），作为形成的对被购买方长期股权投资的初始投资成本
- 非同一控制下吸收合并的会计处理
  - 购买方在购买日应当将合并中取得的符合确认条件的各项资产、负债，按其公允价值确认为本企业的资产和负债
- 通过多次交易分步实现的非同一控制下企业合并的会计处理
  - 在个别财务报表中，应当以购买日之前所持被购买方的股权投资的账面价值与购买日新增投资成本之和，作为该项投资的初始投资成本
  - 在合并财务报表中，如果属于"一揽子"交易，应当将各项交易作为一项取得子公司控制权的交易进行会计处理；如果不属于"一揽子"交易，对于购买日之前持有的被购买方的股权，应当按照该股权在购买日的公允价值进行重新计量
- 反向购买的会计处理
  - 合并财务报表中，法律上子公司的资产、负债应以其在合并前的账面价值进行确认和计量
  - 法律上母公司的有关可辨认资产、负债在并入合并财务报表时，应以其在购买日确定的公允价值进行合并
- 购买子公司少数股权的会计处理
  - 母公司个别财务报表中对于自子公司少数股东处新取得的长期股权投资，应当按照《企业会计准则第2号——长期股权投资》等的规定，确定长期股权投资的入账价值
  - 在合并财务报表中，子公司的资产、负债应以购买日（或合并日）开始持续计算的金额反映

# 第二十一章　财务报告

- 第二十一章　财务报告
  - 财务报告概述
    - 财务报表概述
    - 财务报表列报的基本要求
  - 合并财务报表概述
    - 合并财务报表的概念
    - 合并范围的确定
    - 合并财务报表的编制原则
    - 合并财务报表编制的前期准备事项
    - 合并财务报表的编制程序
  - 合并资产负债表
    - 对子公司的个别财务报表进行调整
    - 按权益法调整对子公司的长期股权投资
    - 编制合并资产负债表时应进行抵销处理的项目
    - 子公司发生超额亏损在合并资产负债表中的反映
    - 报告期内增加或处置子公司以及业务
    - 合并资产负债表的格式
  - 合并利润表
    - 编制合并利润表时应进行抵销处理的项目
    - 报告期内增加或处置子公司以及业务
    - 合并利润表的格式
  - 合并现金流量表
    - 编制合并现金流量表时应进行抵销处理的项目
    - 合并现金流量表中有关少数股东权益项目的反映
    - 报告期内增加或处置子公司以及业务
    - 合并现金流量表的格式
  - 合并所有者权益变动表
    - 编制合并所有者权益变动表时应进行抵销的项目
    - 合并所有者权益变动表的格式
  - 合并财务报表附注
    - 合并财务报表附注概述
    - 附注披露的内容

财务报告概述

财务报表概述

概念：是会计要素确认、计量的结果和综合性描述，会计准则中对会计要素确认、计量过程中所采用的各项会计政策被企业实际应用后将有助于企业可持续发展，反映企业管理层受托责任的履行情况

构成：资产负债表、利润表、现金流量表、所有者权益（或股东权益）变动表以及附注

财务报表的分类
- 按财务报表编报期间的不同，可以分为中期财务报表和年度财务报表
- 按财务报表编报主体的不同，可以分为个别财务报表和合并财务报表

财务报表列报的基本要求

企业应当根据实际发生的交易和事项，遵循基本准则、各项具体会计准则及解释的规定进行确认和计量，并在此基础上编制财务报表

持续经营是会计的基本前提，是会计确认、计量及编制财务报表的基础

除现金流量表按照收付实现制编制外，企业应当按照权责发生制编制其他财务报表

可比性是会计信息质量的一项重要质量要求，目的是使同一企业不同期间和同一期间不同企业的财务报表相互可比

财务报表是通过对大量的交易或事项进行处理后编制的，这些交易或事项按其性质或功能汇总归类列入财务报表中的相关项目

财务报表项目应当以总额列报，资产和负债、收入和费用、直接计入当期利润的利得项目和损失项目的金额不能相互抵销，即不得以净额列报

企业在列报当期财务报表时，至少应当提供所有列报项目上一可比会计期间的比较数据，以及与理解当期财务报表相关的说明

财务报表通常与其他信息（如企业年度报告等）一起公布，按照企业会计准则编制的财务报表应当与一起公布的同一文件中的其他信息相区分

企业至少应当编制年度财务报表

合并财务报表概述

合并财务报表的概念

概念：是指反映母公司和其全部子公司形成的企业集团整体财务状况、经营成果和现金流量的财务报表

合并范围的确定

应当以控制为基础予以确定，不仅包括根据表决权（或类似权利）本身或者结合其他安排确定的子公司，也包括基于一项或多项合同安排的结构化主体

合并财务报表的编制原则
- 以个别财务报表为基础编制
- 一体性原则，即应当将整个企业集团视为一个会计主体
- 重要性原则，即根据重要性的要求对财务报表项目进行取舍

合并财务报表编制的前期准备事项
- 统一母子公司的会计政策
- 统一母子公司的资产负债表日及会计期间
- 对子公司以外币表示的财务报表进行折算
- 收集编制合并财务报表的相关资料

合并财务报表的编制程序
- 设置合并工作底稿
- 将个别财务报表的数据过入合并工作底稿
- 编制调整分录与抵销分录
- 计算合并财务报表各项目的合并数额
- 填列合并财务报表

合并资产负债表

对子公司的个别财务报表进行调整
- 属于同一控制下企业合并中取得的子公司
  - 与母公司会计政策和会计期间调整一致
  - 抵销内部交易对合并财务报表的影响
- 属于非同一控制下企业合并中取得的子公司
  - 与母公司会计政策和会计期间调整一致
  - 通过编制调整分录，对该子公司的个别财务报表进行调整，以使子公司的个别财务报表反映为在购买日公允价值基础上确定的可辨认资产、负债及或有负债在本期资产负债表日的金额

按权益法调整对子公司的长期股权投资
- 在确认应享有子公司净损益的份额时，对于属于非同一控制下企业合并形成的长期股权投资，应当以在备查簿中记录的子公司各项可辨认资产、负债及或有负债等在购买日的公允价值为基础，对该子公司的净利润进行调整后确认
- 对于属于同一控制下的企业合并形成的长期股权投资，可以直接以子公司的净利润进行确认，但是该子公司的会计政策或会计期间与母公司不一致的，仍需要对净利润进行调整

编制合并资产负债表时，应进行抵销处理的项目
- 母公司对子公司的长期股权投资与母公司在子公司所有者权益中所享有的份额
- 母公司与子公司、子公司相互之间产生的内部债权与债务项目
- 母公司与子公司、子公司相互之间销售商品（或提供劳务，下同）或其他方式形成的存货、固定资产、工程物资、在建工程、无形资产等所包含的未实现内部销售损益
- 与抵销的长期股权投资、应收账款、存货、固定资产、工程物资、在建工程、无形资产等资产相关的减值准备的抵销
- 母公司与子公司、子公司相互之间发生的其他内部交易对合并资产负债表的影响
- 因抵销未实现内部销售损益导致合并资产负债表中资产、负债的账面价值与其在所属纳税主体的计税基础之间产生暂时性差异的，在合并资产负债表中应当确认递延所得税资产或递延所得税负债，同时调整合并利润表中的所得税费用，但与直接计入所有者权益的交易或事项及企业合并相关的递延所得税除外

子公司发生超额亏损在合并资产负债表中的反映
- 子公司少数股东分担的当期亏损超过了少数股东在该子公司期初所有者权益中所享有的份额，其余额仍应当冲减少数股东权益，即少数股东权益可以出现负数

报告期内增加以及处置子公司以及业务
- 因同一控制下企业合并增加的子公司以及业务，编制合并资产负债表时，应当调整合并资产负债表的期初数，同时应当对比较报表的相关项目进行调整，视同合并后的报告主体自最终控制方开始控制时点起一直存在
- 因非同一控制下企业合并或其他方式增加的子公司以及业务，编制合并资产负债表时，不应当调整合并资产负债表的期初数
- 母公司在报告期内处置子公司以及业务，编制合并资产负债表时，不应调整合并资产负债表的期初数

合并资产负债表的格式
- 在一般企业和金融企业财务报表格式对财务状况列报要求的基础上，主要增加了以下项目
  - 在"无形资产"项目之下增加了"商誉"项目，用于反映非同一控制下企业合并中取得的商誉，即在控股合并下母公司对子公司的长期股权投资（合并成本）大于其在购买日子公司可辨认净资产公允价值份额的差额
  - 在所有者权益项目下增加了"归属于母公司所有者权益合计"项目，用于反映企业集团的所有者权益中归属于母公司所有者权益的部分，包括实收资本（或股本）、其他权益工具、资本公积、库存股、其他综合收益、盈余公积、未分配利润等项目的金额
  - 在所有者权益项目下，增加了"少数股东权益"项目，用于反映非全资子公司的所有者权益中不属于母公司的份额

合并利润表
- 编制合并利润表时应进行抵销处理的项目
  - 母公司与子公司、子公司相互之间销售商品所产生的营业收入和营业成本项目
  - 母公司与子公司、子公司相互之间销售商品，期末未实现对外销售而形成存货、固定资产、工程物资、在建工程、无形资产等资产项目中包含的未实现内部销售损益
  - 母公司与子公司、子公司相互之间销售商品形成固定资产、无形资产等项目计提折旧额或摊销额中包含的未实现内部销售损益
  - 母公司与子公司、子公司相互之间持有对方债券所产生的投资收益、利息收入及其他综合收益等
  - 母公司对子公司、子公司相互之间持有对方长期股权投资的投资收益
  - 母公司与子公司、子公司相互之间发生的其他内部交易对合并利润表的影响
- 报告期内置子公司以及业务增加或处置
  - 母公司在报告期内因同一控制下企业合并增加的子公司以及业务，应当将该子公司以及业务合并当期期初至报告期末的收入、费用、利润纳入合并利润表，同时应当对比较报表的相关项目进行调整，视同合并后的报告主体自最终控制方开始控制时点起一直存在
  - 因非同一控制下企业合并或其他方式增加的子公司以及业务，应当将该子公司以及业务购买日至报告期末的收入、费用、利润纳入合并利润表
  - 母公司在报告期内处置子公司以及业务，应当将该子公司以及业务期初至处置日的收入、费用、利润纳入合并利润表
- 合并利润表的格式
  - 在一般企业和金融企业财务报表格式对经营成果列报要求的基础上，主要在三个方面增加了五个项目
    - 在"净利润"项目下增加了"归属于母公司所有者的净利润"和"少数股东损益"两个项目
    - 在属于同一控制下企业合并增加的子公司当期的合并利润表中还应在"净利润"项目之下增加"其中：被合并方在合并前实现的净利润"项目
    - 在"综合收益总额"项目下增加了"归属于母公司所有者的综合收益总额"和"归属于少数股东的综合收益总额"两个项目

合并现金流量表
- 编制合并现金流量表时应进行抵销处理的项目
  - 母公司与子公司、子公司相互之间当期以现金投资或收购股权增加的投资所产生的现金流量
  - 母公司与子公司、子公司相互之间当期取得投资收益收到的现金与分配股利、利润或偿付利息支付的现金
  - 母公司与子公司、子公司相互之间以现金结算债权与债务所产生的现金流量
  - 母公司与子公司、子公司相互之间当期销售商品所产生的现金流量
  - 母公司与子公司、子公司相互之间处置固定资产、无形资产和其他长期资产收回的现金净额与购建固定资产、无形资产和其他长期资产支付的现金
  - 母公司与子公司、子公司相互之间当期发生的其他内部交易所产生的现金流量
- 少数股东权益项目在合并现金流量表中有关的反映
  - 对于子公司的少数股东增加在子公司中的权益性投资，在合并现金流量表中应当在"筹资活动产生的现金流量"之下的"吸收投资收到的现金"项目下"其中：子公司吸收少数股东投资收到的现金"项目反映
  - 对于子公司向少数股东支付现金股利或利润，在合并现金流量表中应当在"筹资活动产生的现金流量"之下的"分配股利、利润或偿付利息支付的现金"项目下"其中：子公司支付给少数股东的股利、利润"项目反映
  - 对于子公司的少数股东依法抽回在子公司中的权益性投资，在合并现金流量表中应当在"筹资活动产生的现金流量"之下的"支付其他与筹资活动有关的现金"项目反映
  - 在企业合并当期，母公司购买子公司及其他营业单位支付对价中以现金支付的部分与子公司及其他营业单位在购买日持有的现金和现金等价物应当相互抵销
- 报告期内置子公司以及业务增加或处置
  - 母公司在报告期内因同一控制下企业合并增加的子公司以及业务，应当将该子公司以及业务合并当期期初至报告期末的现金流量纳入合并现金流量表，同时应当对比较报表的相关项目进行调整，视同合并后的报告主体自最终控制方开始控制时点起一直存在
  - 因非同一控制下企业合并增加的子公司以及业务，应当将该子公司购买日至报告期末的现金流量纳入合并现金流量表
  - 母公司在报告期内处置子公司以及业务，应当将该子公司以及业务期初至处置日的现金流量纳入合并现金流量表

合并现金流量表 — 合并现金流量表的格式 — 在一般企业和金融企业财务报表格式对现金流量列报要求的基础上形成

合并所有者权益变动表
- 编制合并所有者权益变动表时应进行抵销的项目
  - 母公司对子公司的长期股权投资与母公司在子公司所有者权益中所享有的份额相互抵销
  - 母公司对子公司、子公司相互之间持有对方长期股权投资的投资收益应当抵销等
  - 母公司与子公司、子公司相互之间发生的其他内部交易对所有者权益变动的影响
- 合并所有者权益变动表的格式 — 在一般企业和金融企业所有者权益变动表格式的基础上，在子公司存在少数股东的情况下，增加了"少数股东权益"栏目，用于反映少数股东权益变动的情况

合并财务报表附注
- 合并财务报表附注概述
  - 重要性：附注与资产负债表、利润表、现金流量表、所有者权益变动表等报表具有同等的重要性，是财务报表的重要组成部分。报表使用者了解企业的财务状况、经营成果和现金流量，应当全面阅读附注
  - 附注披露基本要求
    - 附注披露的信息应是定量、定性信息的结合，从而能从量和质两个角度对企业经济事项完整地进行反映，满足信息使用者的决策需求
    - 附注应当按照一定的结构进行系统合理的排列和分类，有顺序地披露信息
    - 附注相关信息应当与合并资产负债表、合并利润表、合并现金流量表和合并所有者权益变动表等报表中列示的项目相互参照，以从整体上更好地理解财务报表
- 附注披露的内容
  - 公司基本情况
  - 财务报表的编制基础
  - 重要会计政策及会计估计
  - 合并财务报表项目注释
  - 合并范围的变更
  - 在其他主体中的权益
  - 与金融工具相关的风险
  - 公允价值的披露
  - 关联方及关联交易
  - 股份支付
  - 承诺及或有事项
  - 资产负债表日后事项
  - 其他重要事项
  - 母公司财务报表主要项目注释
  - 补充资料

# 第二十二章 会计政策、会计估计变更和差错更正

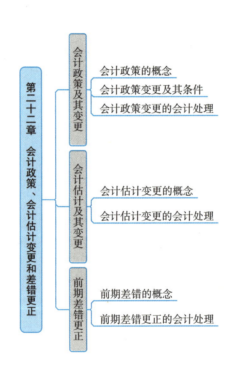

第二十二章 会计政策、会计估计变更和差错更正

会计政策及其变更
- 会计政策的概念
- 会计政策变更及其条件
- 会计政策变更的会计处理

会计估计及其变更
- 会计估计变更的概念
- 会计估计变更的会计处理

前期差错更正
- 前期差错的概念
- 前期差错更正的会计处理

会计政策及其变更
- 会计政策的概念
  - 概念：指企业在会计确认、计量和报告中所采用的原则、基础和会计处理方法
  - 企业会计政策选择和运用的要求
    - 企业应在国家统一的会计准则制度规定的会计政策范围内选择适用的会计政策
    - 会计政策应当保持前后各期的一致性
  - 企业会计政策披露的要求
    - 需要披露的会计政策项目包括财务报表的编制基础、计量基础和会计政策的确定依据等11项内容
- 会计政策变更及其条件
  - 会计政策变更的概念：指企业对相同的交易或者事项由原来采用的会计政策改用另一会计政策的行为
  - 会计政策变更的条件（符合下列条件之一）
    - 法律、行政法规或国家统一的会计准则制度等要求变更
    - 会计政策的变更能够提供更可靠、更相关的会计信息
  - 不属于会计政策变更的情形
    - 本期发生的交易或者事项与以前相比具有本质差别而采用新的会计政策
    - 对初次发生的或不重要的交易或者事项采用新的会计政策
- 会计政策变更的会计处理
  - 企业依据法律、行政法规或者国家统一的会计准则制度等的要求变更会计政策的，应当按照国家相关规定执行
  - 会计政策变更能够提供更可靠、更相关的会计信息的，应当采用追溯调整法处理，将会计政策变更累积影响数调整列报前期最早期初留存收益，其他相关项目的期初余额和列报前期披露的其他比较数据也应当一并调整，但确定该项会计政策变更累积影响数不切实可行的除外
  - 确定会计政策变更对列报前期影响数不切实可行的，应当从可追溯调整的最早期间期初开始应用变更后的会计政策。在当期期初确定会计政策变更对以前各期累积影响数不切实可行的，应当采用未来适用法处理

会计估计及其变更
- 会计估计变更的概念
  - 会计估计的概念：指企业对其结果不确定的交易或事项以最近可利用的信息为基础所作的判断
  - 会计估计变更的概念：指由于资产和负债的当前状况及预期经济利益和义务发生了变化，从而对资产或负债的账面价值或者资产的定期消耗金额进行调整
  - 会计估计变更的原因
    - 赖以进行估计的基础发生了变化
    - 取得了新的信息，积累了更多的经验
- 会计估计变更的会计处理
  - 方法：未来适用法，即采用未来适用法不需要调整以前期间的估计金额，也不需要调整以前期间的报告结果
  - 要求
    - 如果会计估计的变更仅影响变更当期，有关估计变更的影响应于当期确认
    - 如果会计估计的变更既影响变更当期又影响未来期间，有关估计变更的影响在当期及以后各期确认
    - 企业难以对某项变更区分为会计政策变更或会计估计变更的，应当将其作为会计估计变更处理

前期差错更正
- 前期差错的概念
  - 概念：指由于没有运用或错误运用下列两种信息，而对前期财务报表造成省略或错报
    - 编报前期财务报表时预期能够取得并加以考虑的可靠信息
    - 前期财务报告批准报出时能够取得的可靠信息
  - 通常包括：计算错误；应用会计政策错误；疏忽或曲解事实以及舞弊产生的影响；存货、固定资产盘盈等
- 前期差错更正的会计处理
  - 不重要的前期差错的会计处理
    - 企业无须调整财务报表相关项目的期初数，但应调整发现差错当期与前期相同的相关项目的金额。属于影响损益的，应直接计入本期与上期相同的净损益项目
  - 重要的前期差错的会计处理
    - 如果能够合理确定前期差错累积影响数，则重要的前期差错的更正应采用追溯重述法
    - 如果确定前期差错累积影响数不切实可行，可以从可追溯重述的最早期间开始调整留存收益的期初余额，并对财务报表其他相关项目的期初余额一并进行调整，也可以采用未来适用法
  - 重要的前期差错的调整结束后，还应调整发现年度财务报表的年初数和上年数

# 第二十三章　资产负债表日后事项

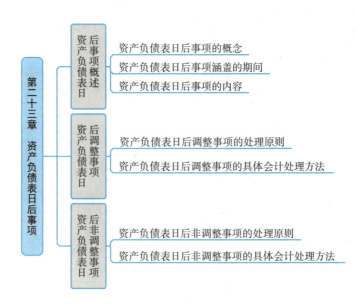

第二十三章　资产负债表日后事项

资产负债表日后事项概述

- 资产负债表日后事项的概念
- 资产负债表日后事项涵盖的期间
- 资产负债表日后事项的内容

资产负债表日后调整事项

- 资产负债表日后调整事项的处理原则
- 资产负债表日后调整事项的具体会计处理方法

资产负债表日后非调整事项

- 资产负债表日后非调整事项的处理原则
- 资产负债表日后非调整事项的具体会计处理方法

资产负债表日：指会计年度末和会计中期期末

财务报告批准报出日：指董事会或类似机构批准财务报告报出的日期，通常是指对财务报告的内容负有法律责任的单位或个人批准财务报告对外公布的日期

资产负债表日后事项包括有利事项和不利事项
- 属于调整事项：对有利和不利的调整事项均应进行会计处理，并调整报告年度或报告中期的财务报表
- 属于非调整事项：对有利和不利的非调整事项均应在年度报告或中期报告的附注中进行披露

资产负债表日后事项不是在这个特定期间内发生的全部事项：是与资产负债表日存在状况有关的事项，或虽然与资产负债表日存在状况无关，但对企业财务状况具有重大影响的事项

**资产负债表日后事项的概念**

报告期下一期间的第一天至董事会或类似机构批准财务报告对外公布的日期，即以董事会或类似权力机构批准财务报告对外公布的日期为截止日期

财务报告批准报出以后、实际报出之前又发生与资产负债表日后事项有关的事项，并由此影响财务报告对外公布日期的，应以董事会或类似机构再次批准财务报告对外公布的日期为截止日期

**资产负债表日后事项涵盖的期间**

**资产负债表日后事项概述**

调整事项
- 定义：是指对资产负债表日已经存在的情况提供了新的或进一步证据的事项
- 通常包括
  - 资产负债表日后诉讼案件结案，法院判决证实了企业在资产负债表日已经存在现时义务，需要调整原先确认的与该诉讼案件相关的预计负债，或确认一项新负债
  - 资产负债表日后取得确凿证据，表明某项资产在资产负债表日发生了减值或者需要调整该项资产原先确认的减值金额
  - 资产负债表日后进一步确定了资产负债表日前购入资产的成本或售出资产的收入
  - 资产负债表日后发现了财务报告舞弊或差错

非调整事项
- 定义：指表明资产负债表日后发生的情况的事项
- 通常包括
  - 资产负债表日后发生重大诉讼、仲裁、承诺
  - 资产负债表日后资产价格、税收政策、外汇汇率发生重大变化
  - 资产负债表日后因自然灾害导致资产发生重大损失
  - 资产负债表日后发行股票和债券以及其他巨额举债
  - 资产负债表日后资本公积转增资本
  - 资产负债表日后发生巨额亏损
  - 资产负债表日后发生企业合并或处置子公司
  - 资产负债表日后，企业利润分配方案中拟分配的以及经审议批准宣告发放的股利或利润

**资产负债表日后事项的内容**

资产负债表日后发生的某一事项究竟是调整事项还是非调整事项，取决于该事项表明的情况在资产负债表日是否已经存在
- 若该情况在资产负债表日已经存在，则属于调整事项
- 若该情况在资产负债表日不存在，则属于非调整事项

资产负债表日后调整事项

- 资产负债表日后调整事项的处理原则
  - 总体原则：应当调整资产负债表日的财务报表
  - 具体情况：
    - 涉及损益的事项，通过"以前年度损益调整"科目核算
    - 涉及利润分配调整的事项，直接在"利润分配——未分配利润"科目核算
    - 不涉及损益及利润分配的事项，调整相关科目
    - 通过上述账务处理后，还应当同时调整财务报表相关项目的数字
      - 报告年度财务报表相关项目的期末数或本年发生数
      - 当期编制的财务报表相关项目的期初数或上年数
      - 上述调整如果涉及报表附注内容的，还应当作出相应调整

- 资产负债表日后调整事项的具体会计处理方法
  - 资产负债表日后诉讼案件结案，人民法院判决证实了企业在资产负债表日已经存在现时义务，需要调整原先确认的与该诉讼案件相关的预计负债，或确认一项新负债
  - 资产负债表日后取得确凿证据，表明某项资产在资产负债表日发生了减值或者需要调整该项资产原先确认的减值金额
  - 资产负债表日后进一步确定了资产负债表日前购入资产的成本或售出资产的收入
    - 若资产负债表日前购入的资产已经按暂估金额等入账，资产负债表日后获得证据，可以进一步确定该资产的成本，则应该对已入账的资产成本进行调整
    - 企业在报告年度已根据收入确认条件确认资产销售收入，但资产负债表日后获得关于资产收入的进一步证据，如发生销售退回、销售折让等，此时也应调整财务报表相关项目的金额
    - 资产负债表所属期间或以前期间所售商品在资产负债表日后退回的，应作为资产负债表日后调整事项处理
    - 发生于资产负债表日后至财务报告批准报出日之间的销售退回事项，可能发生于年度所得税汇算清缴之前，也可能发生于年度所得税汇算清缴之后，其会计处理
      - 涉及报告年度所属期间的销售退回发生在报告年度所得税汇算清缴之前，应调整报告年度利润表的收入、成本等，并相应调整报告年度的应纳税所得额以及报告年度应纳纳的所得税等
      - 资产负债表日后事项中涉及报告年度所属期间的销售退回发生在报告年度所得税汇算清缴之后，应调整报告年度会计报表的收入、成本等，但按照税法规定，在此期间的销售退回所涉及的应缴所得税，应作为本年度的纳税调整事项
  - 资产负债表日后发现了财务报表舞弊或差错，应当作为资产负债表日后调整事项，调整报告年度的年度财务报告或中期财务报告相关项目的数字

资产负债表日后非调整事项

- 资产负债表日后非调整事项的处理原则
  - 资产负债表日后发生的非调整事项，是表明资产负债表日后发生的情况的事项，与资产负债表日存在状况无关，不应当调整资产负债表日的财务报表
- 资产负债表日后非调整事项的具体会计处理方法
  - 原则：应当在报表附注中披露每项重要的资产负债表日后非调整事项的性质、内容，及其对财务状况和经营成果的影响
  - 资产负债表日后非调整事项的主要例子
    - 资产负债表日后发生重大诉讼、仲裁、承诺
    - 资产负债表日后资产价格、税收政策、外汇汇率发生重大变化
    - 资产负债表日后因自然灾害导致资产发生重大损失
    - 资产负债表日后发行股票和债券以及其他巨额举债
    - 资产负债表日后资本公积转增资本
    - 资产负债表日后发生巨额亏损
    - 资产负债表日后发生企业合并或处置子企业
    - 资产负债表日后，企业利润分配方案中拟分配的以及经审议批准宣告发放的股利或利润

# 第二十四章　公允价值计量

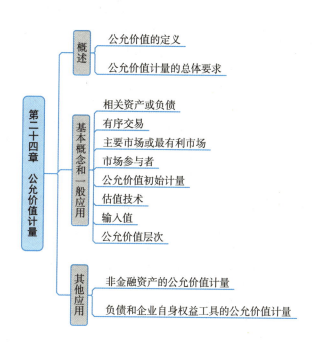

第二十四章　公允价值计量

- 概述
  - 公允价值的定义
  - 公允价值计量的总体要求

- 基本概念和一般应用
  - 相关资产或负债
  - 有序交易
  - 主要市场或最有利市场
  - 市场参与者
  - 公允价值初始计量
  - 估值技术
  - 输入值
  - 公允价值层次

- 其他应用
  - 非金融资产的公允价值计量
  - 负债和企业自身权益工具的公允价值计量

概述
├─ 公允价值的定义：是市场参与者在计量日发生的有序交易中，出售一项资产所能收到或者转移一项负债所需支付的价格，即脱手价格
├─ 公允价值计量的总体要求
│  ├─ 应当从市场参与者角度计量相关资产或负债的公允价值，而不应考虑企业自身持有资产、清偿或者以其他方式履行负债的意图和能力
│  ├─ 应当假定计量日出售资产或转移负债的有序交易发生在主要市场（或者在不存在主要市场情况下的最有利市场）中，并且使用在当前情况下适用并且有足够可利用数据和其他信息支持的估值技术
│  ├─ 应当优先使用相同资产或负债在活跃市场的公开报价（第一层次输入值），最后再使用不可观察输入值（第三层次输入值）
│  └─ 企业为确定相关资产或负债的公允价值，至少应当考虑
│     ├─ 作为计量对象的相关资产或负债
│     ├─ 发生有序交易的主要市场或者最有利市场
│     ├─ 市场参与者
│     ├─ 可采用的恰当的估值技术
│     └─ 输入值和公允价值层次

基本概念和一般应用
├─ 相关资产或负债
│  ├─ 定义：指相关会计准则要求或允许企业以公允价值计量的资产或负债，也包括企业自身权益工具
│  ├─ 特征：资产状况和所在位置、对资产出售或使用的限制等
│  └─ 计量单元：以公允价值计量相关资产或负债，该资产或负债可以是单项资产或负债，也可以是资产组合、负债组合或者资产和负债的组合
├─ 有序交易：以公允价值计量相关资产或负债，应当以市场参与者在计量日当前市场情况下出售资产或者转移负债的有序交易为基础
├─ 主要市场或最有利市场
│  ├─ 主要市场：指相关资产或负债交易量最大和交易活跃程度最高的市场
│  ├─ 最有利市场：指在考虑交易费用和运输费用后，能够以最高金额出售相关资产或者以最低金额转移相关负债的市场
│  └─ 原则
│     ├─ 以公允价值计量相关资产或负债，应当以出售资产或者转移负债有序交易的主要市场为基础，确定该资产或负债的公允价值
│     └─ 不存在主要市场的，企业应当以相关资产或负债的最有利市场为基础，确定该资产或负债的公允价值
├─ 市场参与者：以公允价值计量相关资产或负债，应当采用市场参与者在对该资产或负债定价时为实现其经济利益最大化所使用的假设
│  ├─ 市场参与者的特征
│  │  ├─ 市场参与者应当相互独立，不存在《企业会计准则第36号——关联方披露》所述的关联方关系
│  │  ├─ 市场参与者应当熟悉情况，根据可获得的信息，包括通过正常的尽职调查获取的信息，对相关资产或负债以及交易具备合理认知
│  │  └─ 市场参与者应当有能力并自愿进行相关资产或负债的交易，而非被迫或以其他强制方式进行交易
│  └─ 市场参与者的确定应当考虑的因素
│     ├─ 所计量的相关资产或负债
│     ├─ 该资产或负债的主要市场（或者在不存在主要市场情况下的最有利市场）
│     └─ 企业将在该市场上与之进行交易的市场参与者
└─ 公允价值初始计量：在以公允价值对该资产或负债进行初始计量时，通常可以将进入价格作为其公允价值

市场法：利用相同或类似的资产、负债或资产和负债组合的价格以及其他相关市场交易信息进行估值的技术

收益法：是企业将未来金额转换成单一现值的估值技术

成本法：是反映当前要求重置相关资产服务能力所需金额的估值技术，通常是指现行重置成本法

在某些情况下使用单项估值技术是适当的。但在有些情况下，企业可能需要使用多种估值技术

企业在选择估值技术过程中至少应当考虑的因素
- 其中一种估值技术是否比其他估值技术更恰当
- 其中一种估值技术所使用的输入值是否更容易在市场上观察到或者只需更少的调整
- 其中一种估值技术得到的估值结果区间是否在其他估值技术的估值结果区间的范围内
- 进一步分析采用市场法和收益法结果不一致的情况

企业在公允价值计量中使用的估值技术一经确定，不得随意变更，特殊情况除外

可观察输入值：指能够从市场数据中取得的输入值。该输入值反映了市场参与者在对相关资产或负债定价时所使用的假设。企业通常可以从交易所市场、做市商市场、经纪人市场、直接交易市场获得可观察输入值

不可观察输入值：指不能从市场数据中取得的输入值。该输入值应当根据可获得的市场参与者在对相关资产或负债定价时所使用假设的最佳信息确定

原则
- 以公允价值计量相关资产或负债，应当考虑市场参与者在对相关资产或负债进行定价时所使用的假设，包括有关风险的假设。市场参与者所使用的假设即为输入值，可分为可观察输入值和不可观察输入值
- 使用估值技术时，优先使用可观察输入值，仅当相关可观察输入值无法取得或取得不切实可行时才使用不可观察输入值

第一层次输入值：是在计量日能够取得的相同资产或负债在活跃市场上未经调整的报价

第二层次输入值：是除第一层次输入值外相关资产或负债直接或间接可观察的输入值，如活跃市场中类似资产或负债的报价、非活跃市场中相同或类似资产或负债的报价、除报价以外的其他可观察输入值等

第三层次输入值：是相关资产或负债的不可观察输入值

非金融资产的最佳用途
- 定义：指市场参与者实现一项非金融资产或其所属的一组资产和负债的价值最大化时该非金融资产的用途
- 判断：企业判定非金融资产的最佳用途，应当考虑该用途是否为法律上允许、实物上可能以及财务上可行的使用方式

非金融资产的估值前提
- 企业以公允价值计量非金融资产，应当在最佳用途的基础上确定该非金融资产的估值前提，即单独使用该非金融资产还是将其与其他资产或负债组合使用
- 通过单独使用实现非金融资产最佳用途的，该非金融资产的公允价值应当是将该资产出售给同样单独使用该资产的市场参与者的当前交易价格
- 通过与其他资产组合使用或者与其他资产和负债组合使用实现非金融资产最佳用途的，该非金融资产的公允价值应当是将该资产出售给以同样组合方式使用资产的市场参与者的当前交易价格，并且假定市场参与者可以取得组合中的其他资产和负债

确定负债或企业自身权益工具公允价值的方法
- 存在相同或类似负债或企业自身权益工具可观察市场报价的，企业应当以该报价为基础确定负债或企业自身权益工具的公允价值
- 企业可能无法获得转移相同或类似负债或企业自身权益工具的公开报价。在这样的情形下，企业应当确定该负债或自身权益工具是否被其他方作为资产持有

不履约风险
- 定义：指企业不履行义务的风险，包括但不限于企业自身信用风险
- 以公允价值计量相关负债时，应该考虑其信用风险（信用状况）的影响，以及其他可能影响负债是否履行的因素

负债或企业自身权益工具转移受限：企业以公允价值计量负债或自身权益工具，并且该负债或自身权益工具存在限制转移因素的，如果企业在公允价值计量的输入值中已经考虑了这些因素，则不应再单独设置相关输入值，也不应对其他输入值进行相关调整

基本概念和一般应用
- 估值技术
- 输入值
- 公允价值层次

其他应用
- 非金融资产的公允价值计量
- 工具的公允价值负债和企业自身权益计量

# 第二十五章　政府会计

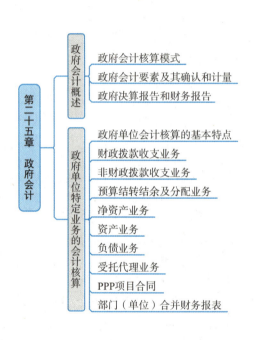

第二十五章　政府会计

政府会计概述
- 政府会计核算模式
- 政府会计要素及其确认和计量
- 政府决算报告和财务报告

政府单位特定业务的会计核算
- 政府单位会计核算的基本特点
- 财政拨款收支业务
- 非财政拨款收支业务
- 预算结转结余及分配业务
- 净资产业务
- 资产业务
- 负债业务
- 受托代理业务
- PPP项目合同
- 部门（单位）合并财务报表

政府会计概述

政府会计核算模式
- 双功能：指政府会计应当实现预算会计和财务会计双重功能
- 双基础：指预算会计实行收付实现制（国务院另有规定的，从其规定），财务会计实行权责发生制
- 双报告：指政府会计主体应当编制决算报告和财务报告

政府会计要素及其确认和计量
- 预算会计要素：预算收入、预算支出、预算结余（结余资金、结转资金）
- 财务会计要素：资产、负债、净资产、收入、费用

政府决算报告和财务报告
- 政府决算报告：是综合反映政府会计主体年度预算收支执行结果的文件
- 政府财务报告：是反映政府会计主体某一特定日期的财务状况和某一会计期间的运行情况和现金流量等信息的文件

政府单位特定业务的会计核算

政府单位会计核算的基本特点
- 基本特点：具备财务会计与预算会计双重功能
- 预算会计通过预算收入、预算支出和预算结余三个要素，全面反映单位预算收支执行情况。预算会计等式为"预算收入–预算支出=预算结余"
- 财务会计通过资产、负债、净资产、收入、费用五个要素，全面反映单位财务状况、运行情况等。反映单位财务状况的会计等式为"资产–负债=净资产"，反映单位运行情况的会计等式为"收入–费用=本期盈余"，本期盈余经分配后最终转入净资产

财政拨款收支业务

财政直接支付业务
- 单位收到相关支付凭证时，按照支付凭证所列金额，在财务会计中借记"库存物品""固定资产""应付职工薪酬""业务活动费用""单位管理费用"等科目，贷记"财政拨款收入"科目；同时在预算会计中借记"行政支出""事业支出"等科目，贷记"财政拨款预算收入"科目
- 年末，根据本年度财政直接支付预算指标数大于当年财政直接支付实际支出数的金额，在财务会计中借记"财政应返还额度"科目，贷记"财政拨款收入"科目；同时在预算会计中借记"资金结存——财政应返还额度"科目，贷记"财政拨款预算收入"科目
- 下年度恢复财政直接支付额度后，单位以财政直接支付方式发生实际支出时，在财务会计中借记"库存物品""固定资产""应付职工薪酬""业务活动费用""单位管理费用"等科目，贷记"财政应返还额度"科目；同时在预算会计中借记"行政支出""事业支出"等科目，贷记"资金结存——财政应返还额度"科目

政府单位收到相关支付凭证时，根据支付凭证所列数额，在财务会计中借记"零余额账户用款额度"科目，贷记"财政拨款收入"科目；同时在预算会计中借记"资金结存——零余额账户用款额度"科目，贷记"财政拨款预算收入"科目

按规定支用额度时，按照实际支用的额度，在财务会计中借记"库存物品""固定资产""应付职工薪酬""业务活动费用""单位管理费用"等科目，贷记"零余额账户用款额度"科目；同时在预算会计中借记"行政支出""事业支出"等科目，贷记"资金结存——零余额账户用款额度"科目

年末，依据代理银行提供的对账单注销额度的相关账务处理，在财务会计中借记"财政应返还额度"科目，贷记"零余额账户用款额度"科目；同时在预算会计中借记"资金结存——财政应返还额度"科目，贷记"资金结存——零余额账户用款额度"科目

下年初恢复额度时，在财务会计中借记"零余额账户用款额度"科目，贷记"财政应返还额度——财政授权支付"科目；同时在预算会计中借记"资金结存——零余额账户用款额度"科目，贷记"资金结存——财政应返还额度"科目

年末，政府单位本年度财政授权支付预算指标数大于零余额账户用款额度下达数的，根据未下达的用款额度，在财务会计中借记"财政应返还额度"科目，贷记"财政拨款收入"科目；同时在预算会计中借记"资金结存——财政应返还额度"科目，贷记"财政拨款预算收入"科目

下年度收到财政部门批复的上年末未下达零余额账户用款额度时，在财务会计中借记"零余额账户用款额度"科目，贷记"财政应返还额度"科目；同时在预算会计中借记"资金结存——零余额账户用款额度"科目，贷记"资金结存——财政应返还额度"科目

在部分实行预算管理一体化的地区和部门，国库集中支付不再区分财政直接支付和财政授权支付，单位的会计处理与财政直接支付方式下类似，不再使用"零余额账户用款额度"科目，"财政应返还额度"科目和"资金结存——财政应返还额度"科目不再设置"财政直接支付""财政授权支付"明细科目

对采用财政专户返还方式管理的事业（预算）收入，实现应上缴财政专户的事业收入时，按照实际收到或应收的金额，在财务会计中借记"银行存款""应收账款"等科目，贷记"应缴财政款"科目。向财政专户上缴款项时，按照实际上缴的款项金额，在财务会计中借记"应缴财政款"科目，贷记"银行存款"等科目。收到从财政专户返还的事业收入时，按照实际收到的返还金额，在财务会计中借记"银行存款"等科目，贷记"事业收入"科目；同时在预算会计中借记"资金结存——货币资金"科目，贷记"事业预算收入"科目

对采用预收款方式确认的事业（预算）收入，实际收到预收款项时，按照收到的款项金额，在财务会计中借记"银行存款"等科目，贷记"预收账款"科目；同时在预算会计中借记"资金结存——货币资金"科目，贷记"事业预算收入"科目。以合同完成进度确认事业收入时，按照基于合同完成进度计算的金额，借记"预收账款"科目，贷记"事业收入"科目

对采用应收款方式确认的事业收入，根据合同完成进度计算本期应收的款项，在财务会计中借记"应收账款"科目，贷记"事业收入"科目。实际收到款项时，在财务会计中借记"银行存款"等科目，贷记"应收账款"科目；同时在预算会计中借记"资金结存——货币资金"科目，贷记"事业预算收入"科目

对于其他方式下确认的事业收入，按照实际收到的金额，在财务会计中借记"银行存款""库存现金"等科目，贷记"事业收入"科目；同时在预算会计中借记"资金结存——货币资金"科目，贷记"事业预算收入"科目

事业活动中涉及增值税业务的，事业收入按照实际收到的金额扣除增值税销项税之后的金额入账，事业预算收入按照实际收到的金额入账

事业单位对于因开展专业业务活动及其辅助活动取得的非同级财政拨款收入（包括两大类：一类是从同级财政以外的同级政府部门取得的横向转拨财政款，另一类是从上级或下级政府取得的各类财政款），应当通过"事业收入"和"事业预算收入"下的"非同级财政拨款"明细科目核算；对于其他非同级财政拨款收入，应当通过"非同级财政拨款收入"科目核算

政府单位特定业务的会计核算

财政拨款收支业务
　财政授权支付业务
　预算管理一体化

非财政拨款收支业务
　事业（预算）收入

| | | | |
|---|---|---|---|
| 政府单位特定业务的会计核算 | 非财政拨款收支业务 | 捐赠（预算）收入和支出 | **捐赠（预算）收入**<br>单位接受捐赠的货币资金，按照实际收到的金额，在财务会计中借记"银行存款""库存现金"等科目，贷记"捐赠收入"科目；同时在预算会计中借记"资金结存——货币资金"科目，贷记"其他预算收入——捐赠预算收入"科目 |
| | | | 单位接受捐赠的存货、固定资产等非现金资产，按照确定的成本，在财务会计中借记"库存物品""固定资产"等科目，按照发生的相关税费、运输费等，贷记"银行存款"等科目，按照其差额，贷记"捐赠收入"科目；同时在预算会计中，按照发生的相关税费、运输费等支出金额，借记"其他支出"科目，贷记"资金结存——货币资金"科目 |
| | | **捐赠（支出）费用**<br>单位对外捐赠现金资产的，按照实际捐赠的金额，在财务会计中借记"其他费用"，贷记"银行存款""库存现金"等科目；同时在预算会计中借记"其他支出"，贷记"资金结存——货币资金"科目 |
| | | 单位对外捐赠库存物品、固定资产等非现金资产的，在财务会计中应当将资产的账面价值转入"资产处置费用"科目，如未支付相关费用，预算会计则不作账务处理 |
| | 预算结转结余及分配业务 | 财政拨款结转结余 | **财政拨款结转的核算**<br>年末，单位应当将财政拨款收入和对应的财政拨款支出结转入"财政拨款结转"科目 |
| | | 按照规定从其他单位调入财政拨款结转资金的，按照实际调增的额度数额或调入的资金数额，在预算会计中借记"资金结存——财政应返还额度、零余额账户用款额度、货币资金"科目，贷记"财政拨款结转——归集调入"科目；同时在财务会计中借记"零余额账户用款额度""财政应返还额度"等科目，贷记"累计盈余"科目 |
| | | 年末，冲销有关明细科目余额。将"财政拨款结转——本年收支结转、年初余额调整、归集调入、归集调出、归集上缴、单位内部调剂"余额转入"财政拨款结转——累计结转" |
| | | 年末，完成上述财政拨款收支结转后，应当对财政拨款各明细项目执行情况进行分析，按照有关规定将符合财政拨款结余性质的项目余额转入财政拨款结余，借记"财政拨款结转——累计结转"科目，贷记"财政拨款结余——结转转入"科目 |
| | | **财政拨款结余的核算**<br>年末，对财政拨款结转各明细项目执行情况进行分析，按照有关规定将符合财政拨款结余性质的项目余额转入财政拨款结余 |
| | | 经财政部门批准对财政拨款结余资金改变用途，调整用于本单位基本支出或其他未完成项目支出的，按照批准调剂的金额，借记"财政拨款结余——单位内部调剂"科目，贷记"财政拨款结转——单位内部调剂"科目 |
| | | 年末，冲销有关明细科目余额。将本科目（年初余额调整、归集上缴、单位内部调剂、结转转入）余额转入本科目（累计结转） |
| | | 非财政拨款结转结余 | **非财政拨款结转的核算**<br>年末，将除财政拨款预算收入、经营预算收入以外的各类预算收入本年发生额中的专项资金收入转入"非财政拨款结转——本年收支结转"科目；将行政支出、事业支出、其他支出本年发生额中的非财政拨款专项资金支出转入"非财政拨款结转——本年收支结转"科目 |
| | | | 按照规定从科研项目预算收入中提取项目间接费用或管理费时，按照提取金额，在预算会计中借记"非财政拨款结转——项目间接费用或管理费"科目，贷记"非财政拨款结余——项目间接费用或管理费"科目；同时在财务会计中借记"单位管理费用"等科目，贷记"预提费用——项目间接费用或管理费"科目 |

年末，冲销有关明细科目余额。将"非财政拨款结转——年初余额调整、项目间接费用或管理费、缴回资金、本年收支结转"科目余额转入"非财政拨款结转——累计结转"科目。结转后，"非财政拨款结转"科目除"累计结转"明细科目外，其他明细科目应无余额

年末，完成上述结转后，应当对非财政拨款专项结转资金各项目情况进行分析，将留归本单位使用的非财政拨款专项（项目已完成）剩余资金转入非财政拨款结余，借记"非财政拨款结转——累计结转"科目，贷记"非财政拨款结余——结转转入"科目

年末，将留归本单位使用的非财政拨款专项（项目已完成）剩余资金转入本科目，借记"非财政拨款结转——累计结转"科目，贷记"非财政拨款结余——结转转入"科目

有企业所得税缴纳义务的事业单位实际缴纳企业所得税时，按照缴纳金额，在预算会计中借记"非财政拨款结余——累计结余"科目，贷记"资金结存——货币资金"科目；同时在财务会计中借记"其他应交税费——单位应交所得税"科目，贷记"银行存款"等科目

年末，冲销有关明细科目余额。将"非财政拨款结余——年初余额调整、项目间接费用或管理费、结转转入"科目余额结转入"非财政拨款结余——累计结余"科目。结转后，本科目除"累计结余"明细科目外，其他明细科目应无余额

年末，事业单位将"非财政拨款结余分配"科目余额转入非财政拨款结余。"非财政拨款结余分配"科目为借方余额的，借记"非财政拨款结余——累计结余"科目，贷记"非财政拨款结余分配"科目；"非财政拨款结余分配"科目为贷方余额的，借记"非财政拨款结余分配"科目，贷记"非财政拨款结余——累计结余"科目

**非财政拨款结转的核算**

**非财政拨款结余的核算**

（**非财政拨款结转结余**）

（**预算结转结余及分配业务**）

**本期盈余及本年盈余分配**
- 本期盈余：反映单位本期各项收入、费用相抵后的余额
- 本年盈余分配：反映单位本年度盈余分配的情况和结果

**专用基金**：核算专用基金的取得和使用情况

**无偿调拨净资产**：核算单位无偿调入或调出非现金资产所引起的净资产变动金额。年末，单位应将"无偿调拨净资产"科目余额转入累计盈余

**权益法调整**：核算事业单位持有的长期股权投资采用权益法核算时，按照被投资单位除净损益和利润分配以外的所有者权益变动份额调整长期股权投资账面余额而计入净资产的金额

**以前年度盈余调整**：核算单位本年度发生的调整以前年度盈余的事项，包括本年度发生的重要前期差错更正涉及调整以前年度盈余的事项

**累计盈余**：反映单位历年实现的盈余扣除盈余分配后滚存的金额，以及因无偿调入调出资产产生的净资产变动额

（**净资产业务**）

**资产取得**

外购的资产：成本=购买价款+相关税费（不包括按规定可抵扣的增值税进项税额+其他费用

自行加工（建造）的资产：成本包括该项资产至验收入库或交付使用前所发生的全部必要支出

接受捐赠的非现金资产：①成本=凭据注明的金额+相关税费；②没有相关凭据但经过评估的：成本=评估价值+相关税费；③没有相关凭据、也未经资产评估的：成本=同类或类似资产的市场价格+相关税费；④没有相关凭据且未经资产评估、同类或类似资产的市场价格也无法可靠取得的：成本=名义金额1元（对于投资和公共基础设施、政府储备物资、保障性住房、文物文化资产等资产，其初始成本只能按照前三个层次进行计量）

无偿调入的资产：成本=调出方账面价值+相关税费

置换取得的资产：成本=换出资产的评估价值+（－）支付的补价（收到的补价）+为换入资产发生的其他相关支出

（**资产业务**）（**几个共性内容**）

（**政府单位特定业务的会计核算**）

政府单位特定业务的会计核算

**资产业务**

**几个共性内容**

**资产处置**

通常情况下，单位应当将被处置资产账面价值转销计入资产处置费用，并按照"收支两条线"将处置净收益上缴财政。如按规定将资产处置净收益纳入单位预算管理的，应将净收益计入当期收入

对于资产盘盈、盘亏、报废或毁损的，应当在报经批准前将相关资产账面价值转入"待处理财产损溢"，待报经批准后再进行资产处置

对于无偿调出的资产，单位应当在转销被处置资产账面价值时冲减无偿调拨净资产。对于置换换出的资产，应当与换入资产一同进行相关会计处理

**固定资产**

定义：是指单位为满足自身开展业务活动或其他活动需要而控制的，使用年限超过1年（不含1年）、单位价值在规定标准以上，并在使用过程中基本保持原有物质形态的资产。价值虽未达到规定标准，但是使用年限超过1年（不含1年）的大批同类物资，如图书等，应当确认为固定资产

折旧计提：按月计提折旧。当月增加的固定资产，当月开始计提折旧；当月减少的固定资产，当月不再计提折旧；提足折旧后，均不再计提折旧

**长期股权投资**

定义：事业单位取得的持有时间超过 1 年（不含1年）的债权和股权性质的投资

**取得的处理**

以现金取得长期股权投资的，应当按照实际支付的全部价款（包括购买价款和相关税费）作为实际成本

以现金以外的其他资产置换取得的长期股权投资，其成本按照换出资产的评估价值加上支付的补价或减去收到的补价，加上换入长期股权投资发生的其他相关支出确定

**持有期间的处理**

**成本法核算**

长期股权投资的账面余额通常保持不变，但追加或收回投资时，应当相应调整其账面余额

被投资单位宣告发放现金股利或利润时，应按照宣告发放的现金股利和利润中属于其应享有的份额，借记"应收股利"科目，贷记"投资收益"科目。收到现金股利或利润时，财务会计中借记"银行存款"等科目，贷记"应收股利"科目；同时在预算会计中，借记"资金结存——货币资金"科目，贷记"投资预算收益"科目

**权益法核算**

据其在被投资单位所享有的所有者权益份额的变动对长期股权投资的账面余额进行调整

被投资单位实现净利润的，事业单位按照应享有的份额，借记"长期股权投资——损益调整"科目，贷记"投资收益"科目。被投资单位发生净亏损的，事业单位按照应分担的份额，借记"投资收益"科目，贷记"长期股权投资——损益调整"科目，但以"长期股权投资"科目的账面余额减记至零为限，事业单位负有承担额外损失义务的除外。发生亏损的被投资单位以后年度又实现净利润的，事业单位应当按照收益分享额弥补未确认的亏损分担额等后的金额，借记"长期股权投资——损益调整"科目，贷记"投资收益"科目

被投资单位宣告发放现金股利或利润的，事业单位应当按照应享有的份额，借记"应收股利"科目，贷记"长期股权投资——损益调整"科目。收到现金股利或利润时，通常，在财务会计中借记"银行存款"等科目，贷记"应收股利"科目；同时在预算会计中，借记"资金结存——货币资金"科目，贷记"投资预算收益"科目

被投资单位发生除净损益和利润分配以外的所有者权益变动的，事业单位应当按照应享有或应分担的份额，借记或贷记"权益法调整"科目，贷记或借记"长期股权投资——其他权益变动"科目。事业单位处置长期股权投资时，应当按照原记入"权益法调整"科目的相应部分金额，借记或贷记"权益法调整"科目，贷记或借记"投资收益"科目

政府单位特定业务的会计核算

资产业务 —— 公共基础设施和政府储备物资

公共基础设施
- 定义：指政府单位为满足社会公共需求而控制的，同时具有以下特征的有形资产：（1）是一个有形资产系统或网络的组成部分；（2）具有特定用途；（3）一般不可移动
- 应当设置"公共基础设施"和"公共基础设施累计折旧（摊销）"科目进行核算

政府储备物资
- 定义：指政府单位为满足实施国家安全与发展战略、进行抗灾救灾、应对公共突发事件等特定公共需求而控制的，同时具有下列特征的有形资产：（1）在应对可能发生的特定事件或情形时动用；（2）其购入、存储保管、更新（轮换）、动用等由政府及相关部门发布的专门管理制度规范
- 应当设置"政府储备物资"科目，根据需要可在该科目下设置"在库""发出"等明细科目进行核算

负债业务

应缴财政款
- 定义：指单位取得或应收的按照规定应当上缴财政的款项，包括应缴国库的款项和应缴财政专户的款项
- 核算：单位取得或应收按照规定应缴财政的款项时，借记"银行存款""应收账款"等科目，贷记"应缴财政款"科目。单位上缴应缴财政的款项时，按照实际上缴的金额，借记"应缴财政款"科目，贷记"银行存款"科目

应付职工薪酬
- 定义：指按照有关规定应付给职工（含长期聘用人员）及为职工支付的各种薪酬，包括基本工资、国家统一规定的津贴补贴、规范津贴补贴（绩效工资）、改革性补贴、社会保险费（如职工基本养老保险费、职业年金、基本医疗保险费等）、住房公积金等
- 核算：应当设置"应付职工薪酬"科目；按照"基本工资"（含离退休费）"国家统一规定的津贴补贴""规范津贴补贴（绩效工资）""改革性补贴""社会保险费""住房公积金""其他个人收入"等进行明细核算

借款
- 定义：是事业单位从银行或其他金融机构等借入的款项。事业单位应当在与债权人签订借款合同或协议并取得举借资金时，按照借款本金确认负债
- 取得借款：在财务会计中借记"银行存款"科目，贷记"短期借款""长期借款——本金"科目；同时在预算会计中借记"资金结存——货币资金"科目，贷记"债务预算收入"科目
- 计提借款利息：应当按照借款本金和合同或协议约定的利率按期计提借款利息
  - 为购建固定资产等工程项目借入专门借款的，对于发生的专门借款利息，应当按照借款利息减去尚未动用的借款资金产生的利息收入后的金额，属于工程项目建设期间发生的，计入工程成本；不属于工程项目建设期间发生的，计入当期费用
  - 专门借款以外的其他借款计提的利息，应当计入当期费用
  - 偿还借款时，应当按照偿还的借款本金，在财务会计中借记"短期借款""长期借款——本金"科目，按照到期一次还本付息长期借款的利息，借记"长期借款——应计利息"科目，按照还款总金额，贷记"银行存款"科目；同时在预算会计中，按照支付的本金金额，借记"债务还本支出"科目，按照支付的利息金额，借记"其他支出"科目，按照支付总金额，贷记"资金结存——货币资金"科目

受托代理业务 —— 应当设置"受托代理资产""受托代理负债"科目，对受托代理业务进行核算

PPP项目合同的确认和计量：符合"双特征、双控制"的PPP项目资产，在同时满足以下条件时，应当由政府方予以确认：

与该资产相关的服务潜力很可能实现或者经济利益很可能流入

该资产的成本或者价值能够可靠地计量

PPP项目资产取得时的账务处理

社会资本方投资建造形成的、社会资本方从第三方购买形成的、使用社会资本方现有资产形成的PPP项目：
借：PPP项目资产
　　贷：PPP项目净资产

使用政府方现有资产形成的PPP项目资产：
借：PPP项目资产
　　公共基础设施累计折旧（摊销）等
　　贷：公共基础设施等

社会资本方对政府方原有资产进行改建、扩建形成的PPP项目资产：
借：PPP项目资产
　　公共基础设施累计折旧（摊销）等
　　贷：PPP项目净资产
　　　　公共基础设施等

PPP项目资产在项目运营期间的账务处理

对于为维护PPP项目资产的正常使用而发生的日常维修、养护等后续支出，不计入PPP项目资产的成本

对于为增加PPP项目资产的使用效能或延长其使用年限而发生的大修、改建、扩建等后续支出，政府方应当在资产验收合格交付使用时，按照相关支出扣除资产被替换部分账面价值的差额，借记"PPP项目资产"科目，贷记"PPP项目净资产"科目

在PPP项目运营期间，政府方应当按月对PPP项目资产计提折旧（摊销），但社会资本方持续进行良好维护使得其性能得到永久维护的PPP项目资产除外。对于作为PPP项目资产单独计价入账的土地使用权，政府方应当按照无形资产的相关规定进行摊销

PPP项目合同终止时的账务处理

PPP项目合同终止时，PPP项目资产按规定移交至政府方的：
借：公共基础设施等
　　PPP项目资产累计折旧（摊销）
　　贷：PPP项目资产

PPP项目合同终止时，政府方应当将尚未冲减完的PPP项目净资产账面余额转入累计盈余，即按PPP项目净资产的账面余额：
借：PPP项目净资产
　　贷：累计盈余

**PPP项目合同**

**政府单位特定业务的会计核算**

合并范围

一般应当以财政预算拨款关系为基础予以确定。有下级预算单位的部门（单位）为合并主体，其下级预算单位为被合并主体

除满足一般原则的会计主体外，以下会计主体也应当纳入部门（单位）合并财务报表范围

部门（单位）所属的未纳入部门预决算管理的事业单位

部门（单位）所属的纳入企业财务管理体系执行企业类会计准则制度的事业单位

财政部规定的应当纳入部门（单位）合并财务报表范围的其他会计主体

会计主体不纳入部门（单位）合并财务报表范围

部门（单位）所属的企业，以及所属企业下属的事业单位

与行政机关脱钩的行业协会商会

部门（单位）财务部门按规定单独建账核算的会计主体，如工会经费、党费、团费和土地储备资金、住房公积金等资金（基金）会计主体

挂靠部门（单位）的没有财政预算拨款关系的社会组织以及非法人性质的学术团体、研究会等

**部门（单位）合并财务报表**

合并财务报表格式：合并资产负债表的格式参见《政府单位会计制度》规定的资产负债表格式。部门（单位）合并收入费用表中"本期收入"类项目的列示参见《政府单位会计制度》规定的收入费用表格式，但"本期费用"类项目应当按照费用的性质进行分类列示，具体参见《政府单位会计制度》规定的财务报表附注中"本期费用按经济分类的披露格式"

# 第二十六章　民间非营利组织会计

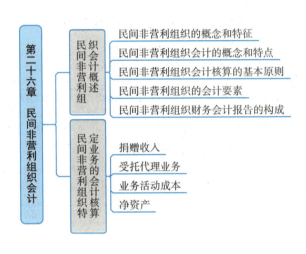

民间非营利组织会计概述

民间非营利组织的概念和特征

概念：指通过筹集社会民间资金举办的、不以营利为目的，从事教育、科技、文化、卫生、宗教等社会公益事业，提供公共产品的社会服务组织

特征
- 该组织不以营利为宗旨和目的
- 资源提供者向该组织投入资源不取得经济回报
- 资源提供者不享有该组织的所有权

民间非营利组织会计的概念和特点

概念：是对民间非营利组织的财务收支活动进行连续、系统、综合的记录、计量和报告，以价值指标客观地反映业务活动过程，从而为业务管理和其他相关的管理工作提供信息的活动

特点
- 以权责发生制为会计核算基础
- 在采用历史成本计价的基础上，引入公允价值计量基础
- 会计要素不应包括所有者权益和利润，而是设置了净资产这一要素

民间非营利组织会计核算的基本原则

应当遵循客观性原则、相关性原则、实质重于形式原则、一贯性原则、可比性原则、及时性原则、可理解性原则、配比性原则、历史成本原则、谨慎性原则、划分费用性支出与资本性支出原则以及重要性原则等基本原则

民间非营利组织的会计要素

反映财务状况的会计要素
- 资产：是指过去的交易或者事项形成并由民间非营利组织拥有或者控制的资源，该资源预期会给民间非营利组织带来经济利益或者服务潜力，包括流动资产、长期投资、固定资产、无形资产和受托代理资产等
- 负债：是指过去的交易或者事项形成的现时义务，履行该义务预期会导致含有经济利益或者服务潜力的资源流出民间非营利组织，包括流动负债、长期负债和受托代理负债等
- 净资产：是指民间非营利组织的资产减去负债后的余额，包括限定性净资产和非限定性净资产

反映业务活动情况的会计要素
- 收入：是指民间非营利组织开展业务活动取得的、导致本期净资产增加的经济利益或者服务潜力的流入，包括捐赠收入、会费收入、提供服务收入、政府补助收入、投资收益、商品销售收入等主要业务活动收入和其他收入
- 费用：是指民间非营利组织为开展业务活动所发生的、导致本期净资产减少的经济利益或者服务潜力的流出，包括业务活动成本、管理费用、筹资费用和其他费用等

民间非营利组织财务会计报告的构成

资产负债表、业务活动表和现金流量表三张基本报表以及会计报表附注

对于民间非营利组织接受捐赠的现金资产，应当按照实际收到的金额入账；接受捐赠的非现金资产，如接受捐赠的短期投资、存货、长期投资、固定资产和无形资产等，应当按照规定方法确定其入账价值

**捐赠收入**

接受捐赠时，按照应确认的金额，借记"现金""银行存款""短期投资""存货""长期股权投资""长期债权投资""固定资产""无形资产"等科目，贷记"捐赠收入——限定性收入"或"捐赠收入——非限定性收入"科目

如果限定性捐赠收入的限制在确认收入的当期得以解除，应当将其转为非限定性捐赠收入，借记"捐赠收入——限定性收入"科目，贷记"捐赠收入——非限定性收入"科目

期末，将"捐赠收入"科目各明细科目的余额分别转入限定性净资产和非限定性净资产，借记"捐赠收入——限定性收入"科目，贷记"限定性净资产"科目，借记"捐赠收入——非限定性收入"科目，贷记"非限定性净资产"科目

**受托代理业务**

收到受托代理资产时，应当按照应确认的受托代理资产的入账金额，借记"受托代理资产"科目，贷记"受托代理负债"科目

在转赠或者转出受托代理资产时，应当按照转出受托代理资产的账面余额，借记"受托代理负债"科目，贷记"受托代理资产"科目

**业务活动成本**

发生的业务活动成本，应当借记"业务活动成本"科目，贷记"现金""银行存款""存货""应付账款"等科目

会计期末，将"业务活动成本"科目的余额转入非限定性净资产，借记"非限定性净资产"科目贷记"业务活动成本"科目

**净资产**

净资产的分类：限定性净资产；非限定性净资产

注册资金的核算：执行《民间非营利组织会计制度》的社会团体、基金会、社会服务机构设立时取得的注册资金，应当直接计入净资产。注册资金的使用受到时间限制或用途限制的，在取得时直接计入限定性净资产；其使用没有受到时间限制和用途限制的，在取得时直接计入非限定性净资产

期末限定性净资产的核算：期末，应当将当期限定性收入的贷方余额转为限定性净资产，即将各收入科目中所属的限定性收入明细科目的贷方余额转入"限定性净资产"科目的贷方，借记"捐赠收入——限定性收入""政府补助收入——限定性收入"等科目，贷记"限定性净资产"科目

期末非限定性净资产的核算：
期末结转非限定性收入：借记"捐赠收入——非限定性收入"等，贷记"非限定性净资产"科目
期末结转成本费用：借记"非限定性净资产"科目，贷记"业务活动成本""管理费用""筹资费用""其他费用"科目

净资产的重分类：
如果限定性净资产的限制已经解除，应当对净资产进行重新分类，将限定性净资产转为非限定性净资产

对于因资产提供者或者国家有关法律、行政法规要求在收到资产后的特定日期之后使用该项资产而形成的限定性净资产，应当在该特定日期全额转为非限定性净资产

对于因资产提供者或者国家有关法律、行政法规设置用途限制而形成的限定性净资产，应当在使用时按照实际用于规定用途的相关资产金额转为非限定性净资产

如果资产提供者或者国家有关法律、行政法规要求民间非营利组织在特定时期之内或特定日期之后将限定性净资产用于特定用途，应当在相应期间之内或相应日期之后按照实际用于规定用途的相关资产金额转为非限定性净资产

对于资产提供者或者国家有关法律、行政法规撤销对限定性净资产所设置限制的，应当在撤销时全额转为非限定性净资产

（民间非营利组织特定业务的会计核算）